図解 大学4年間の経済学が10時間でざっと学べる

東京大学名誉教授 井堀利宏

KADOKAWA

CONTENTS 図解 大学4年間の経済学が10時間でざっと学べる

カバーデザイン／二ノ宮匡（ニクスインク）
本文デザイン・DTP／ムーブ
編集協力／前窪明子

PART_0
経済学とは何か

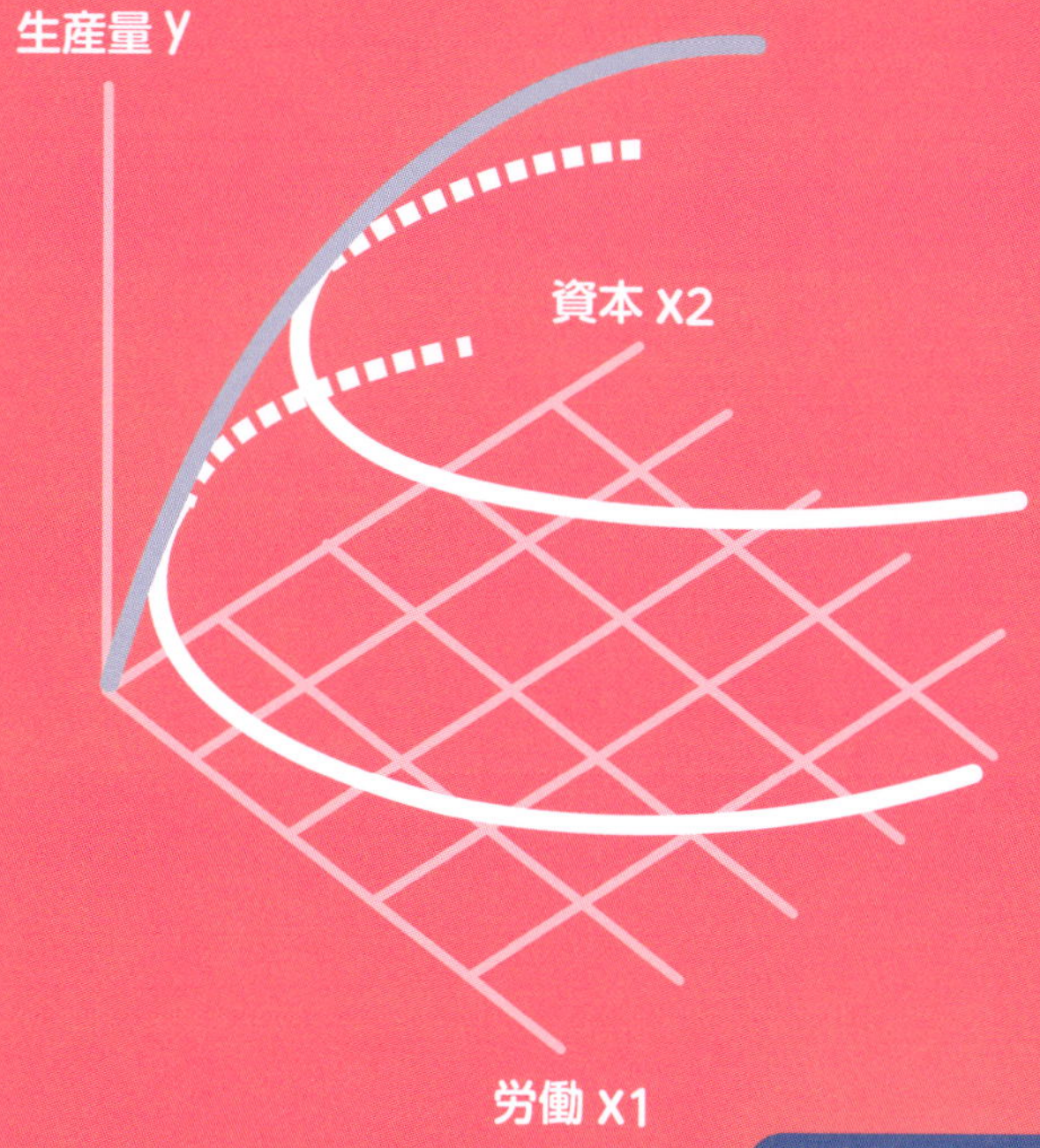

生産関数の立体図

本書について

本書は『大学4年間の経済学が 10 時間でざっと学べる』の図解版です。同書は私が約 20 年間、東京大学で講義した経済学の内容を解説した一冊になっています。今回の図解版では、なかでも特に大切なところをピックアップし、豊富な図版を利用しながら、さらにわかりやすくなるように努めました。

経済学を学ぶには大胆な抽象力が必要ですが、図版化することで、初学者にも手にとっていただきやすくなるよう、心がけたつもりです。

経済を学びたいと思う、みなさまのお役に立てることを祈っております。

東京大学名誉教授　井堀利宏

LECTURE 01

そもそも経済学とは何か？

POINT 経済学は、さまざまな人や組織が市場でモノやお金を交換しあう行動を、ある仮説をもとにモデル化し、シンプルかつ理論的に説明するもの。

経済学が対象とするもの

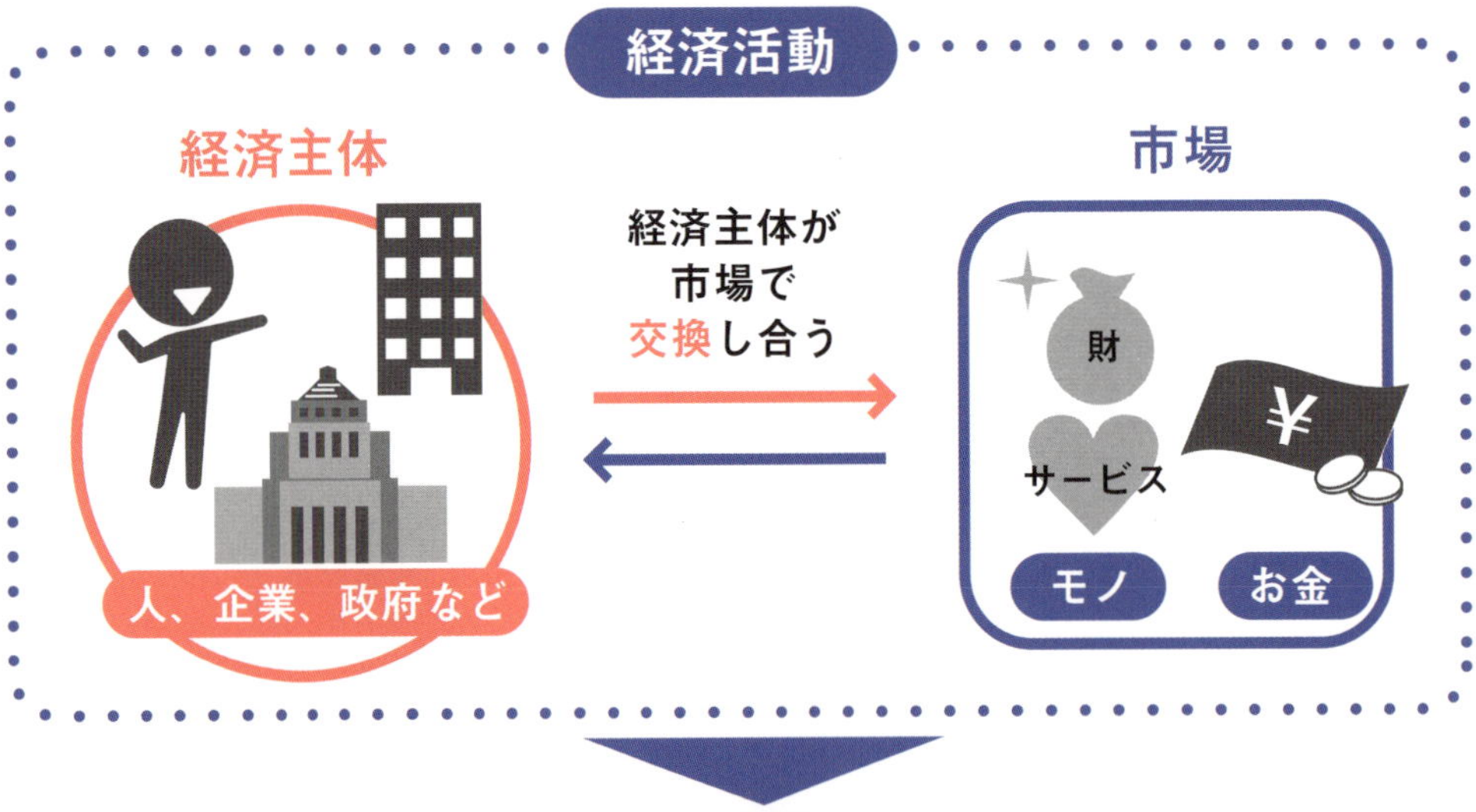

仮説をもとにモデル化し、シンプルかつ理論的に説明する

経済行動をシンプルかつ理論的に説明するのが経済学

そもそも経済学とは何を考える学問なのでしょう。

一言でいえば、「さまざまな人や組織（＝**経済主体**）が市場でモノ（＝財、サービス）やお金を交換しあう行動（＝経済活動）を、ある仮説をもとにモデル化し、シンプルかつ理論的に説明しようとする学問」です。

経済学では、人、企業、政府といった経済主体が、合理的な行動をすると想定しています。それは、「ある経済的な目的を達成するために、与えられた制約の中で最も望ましい行為を選択する行動（＝**最適化行動**）」のことです。

たとえば、1本90円と10円のニンジンがあれば、誰だって10円のニンジンを買うでしょう。お金という与えられた制約の中で、最も安い買い物をするという望ましい行動を選択しているのです。

PICK UP
もっと知りたい経済学

経済主体の意思決定では「インセンティブ」が重要なキーワードになる

インセンティブ（誘因）があると、ある選択をする意欲が高まりますよね。たとえば、もらえる給料が高くなれば、より働こうとする意欲が刺激されます。でも、企業がまったく残業代を払わないで残業を求めたらどうでしょう。これは働く側のインセンティブを無視した要求だからうまくいきません。

このように、経済主体の主体的な意思決定を考えるときには、インセンティブという要因を考えなければならないのです。

経済活動の分析では経済主体の行動に前提をおく

経済学では経済活動の分析にあたって、経済主体の行動にいくつかの前提をおいています。

まず、それぞれの経済主体は経済活動の目的をちゃんとわかっていること。そして、経済主体が目的ごとの重要性を正しく理解していて、目的ごとに優先順位をつけていることです。

また、行動を自分で決められなければ経済活動はすることができません。そこで、経済学では、人々が自分の意思で自分にとって望ましい経済行動をすると考えます。ちょっと硬いいい方をすると、経済主体は「**主体的な意思決定をしている**」と考えます。

経済的な意味での合理的な活動とは

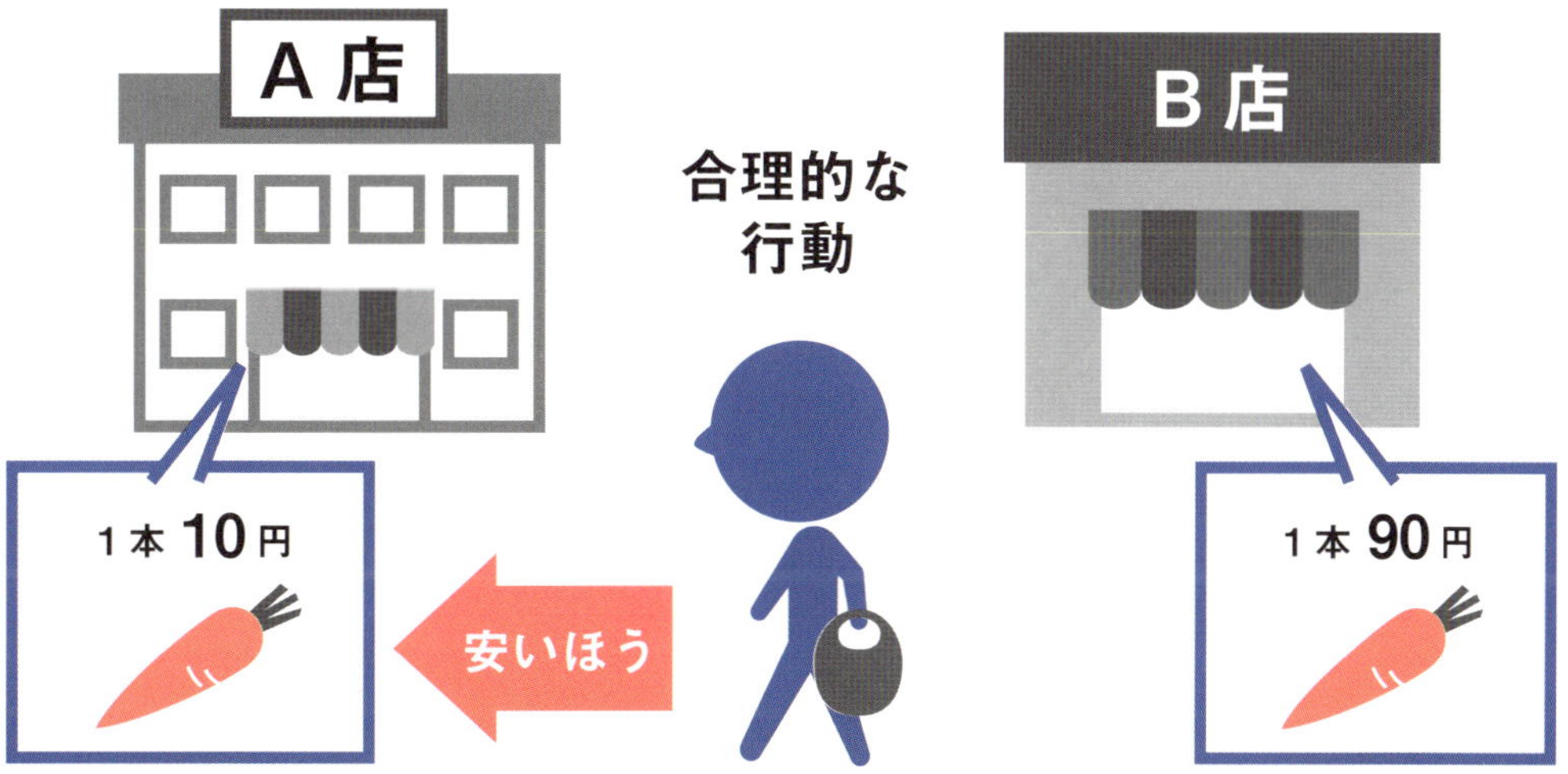

経済学では常に正しく損得を計算して行動すると仮定

LECTURE 02

ミクロ経済学とマクロ経済学

POINT ミクロ経済学とマクロ経済学の相違は、個別の経済主体を分析対象とするか、巨視的な国民経済を分析対象とするかの違いである。

ミクロとマクロの違い

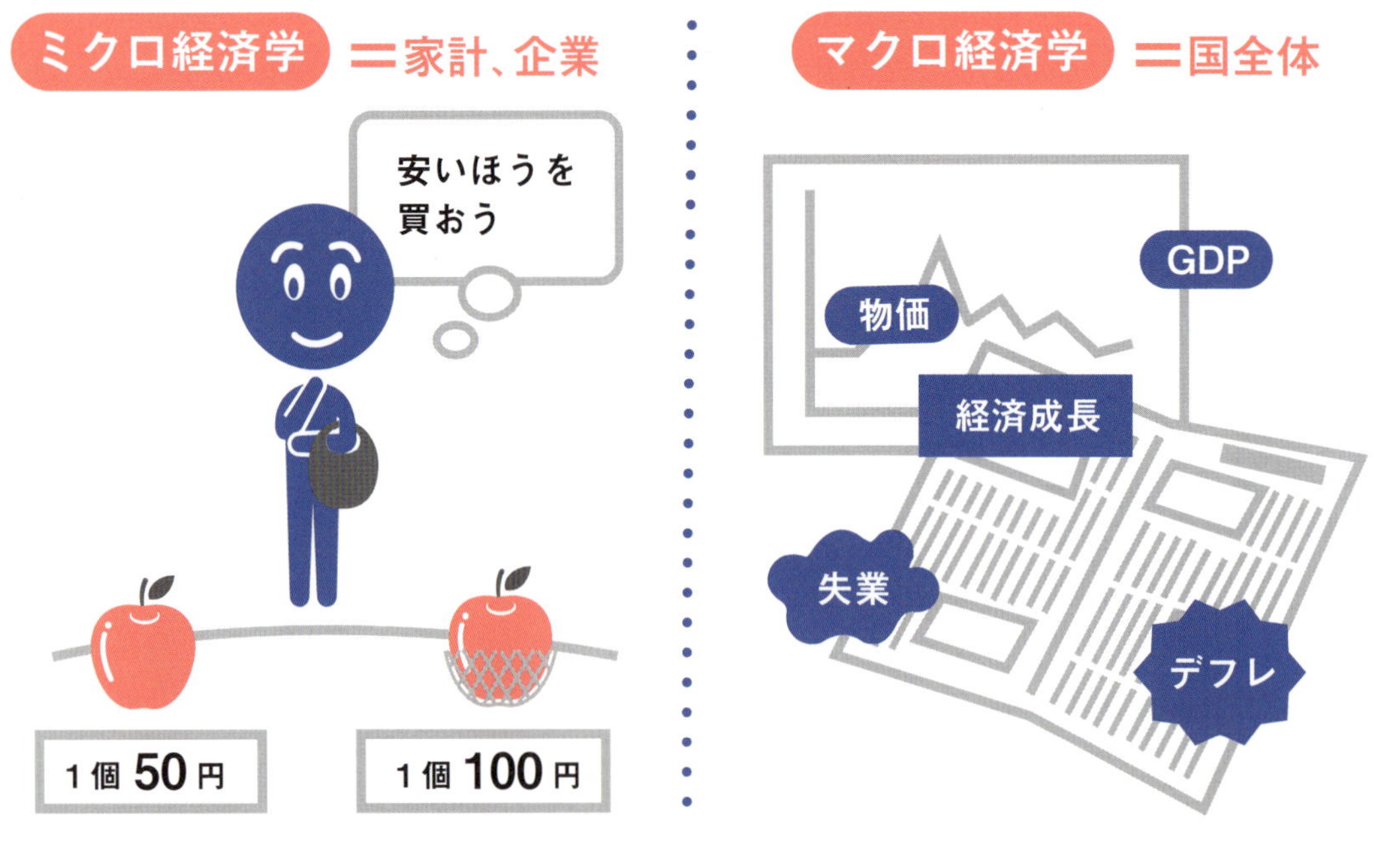

ミクロ経済学では個別の経済主体を分析対象にする

経済学は大きく「ミクロ経済学」と「マクロ経済学」という2つの専門分野に分かれます。

ミクロ経済学では、個々の家計や企業など、個別（ミクロ）の経済主体の行動分析から始めます。そして、市場全体の需要と供給の分析を積み上げて経済を説明しようとします。

家計であれば、予算制約のもとで、「**効用**」（簡単にいえば満足感のこと）を最大にするように行動する、と考えます。

企業であれば、生産制約のもとで「**利潤**」を最大化するように行動する、と考えます。

ミクロ経済学は、個々の経済主体の主体的な最適化行動を前提として、ある個別の市場でどんな経済活動が行われているかを分析したり、産業間の関連を考えたりするものです。

COLUMN

3つの経済活動

経済は「生産」「分配」「支出」で成り立っている

経済活動は、次の活動から成り立っています。

1 **生産**…資本・労働・土地という生産要素を用いてさまざまな財やサービスをつくり出す

2 **分配**…生産されるものを各生産要素の所有者に分ける

3 **支出**…分配される所得を消費、貯蓄や投資に回す

どのように資源を効率的に配分して生産をし、その成果を公平に分配するかは重要な問題です。お互いの利益のために複数の人間が経済活動の成果を持ち寄って交換する「市場」も、その工夫のひとつです。

マクロ経済学では国民経済全体を分析対象にする

マクロ経済学では、物価、インフレーションや失業、国民総生産（GNP）の決定、経済成長など、**国民経済全体（マクロ）の経済の動きに関心を寄せます。**

景気がどう変動するか、経済成長はどの程度実現するか、失業やデフレはどう克服できるか、世界金融危機はなぜ生じるかなど、暮らしに密着した経済現象を取り上げます。

ミクロとマクロはお互いが補いあう関係にあります。マクロ的な分析を用いる場合でも、ある程度ミクロ的な基礎（個々の経済主体の最適化行動を前提とした分析）が重要視されます。

ミクロ経済学が説明するのは？

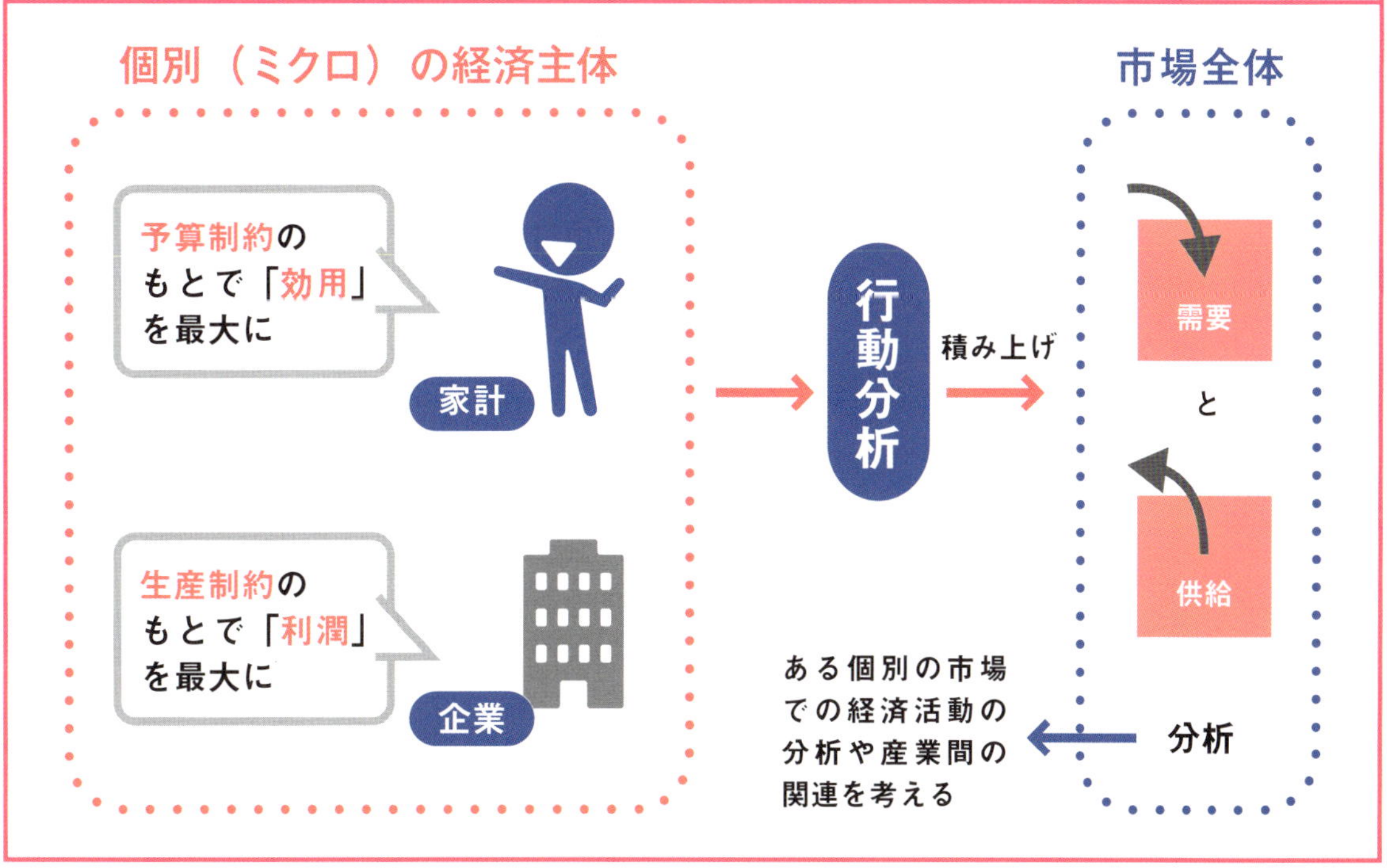

LECTURE 03

希少性と価格

POINT 希少性とは社会的な必要性の高さのこと。需要よりも供給が少ないほど、希少性が高くなる。その結果、価格が上昇し、供給が増えていく。

希少性とは？

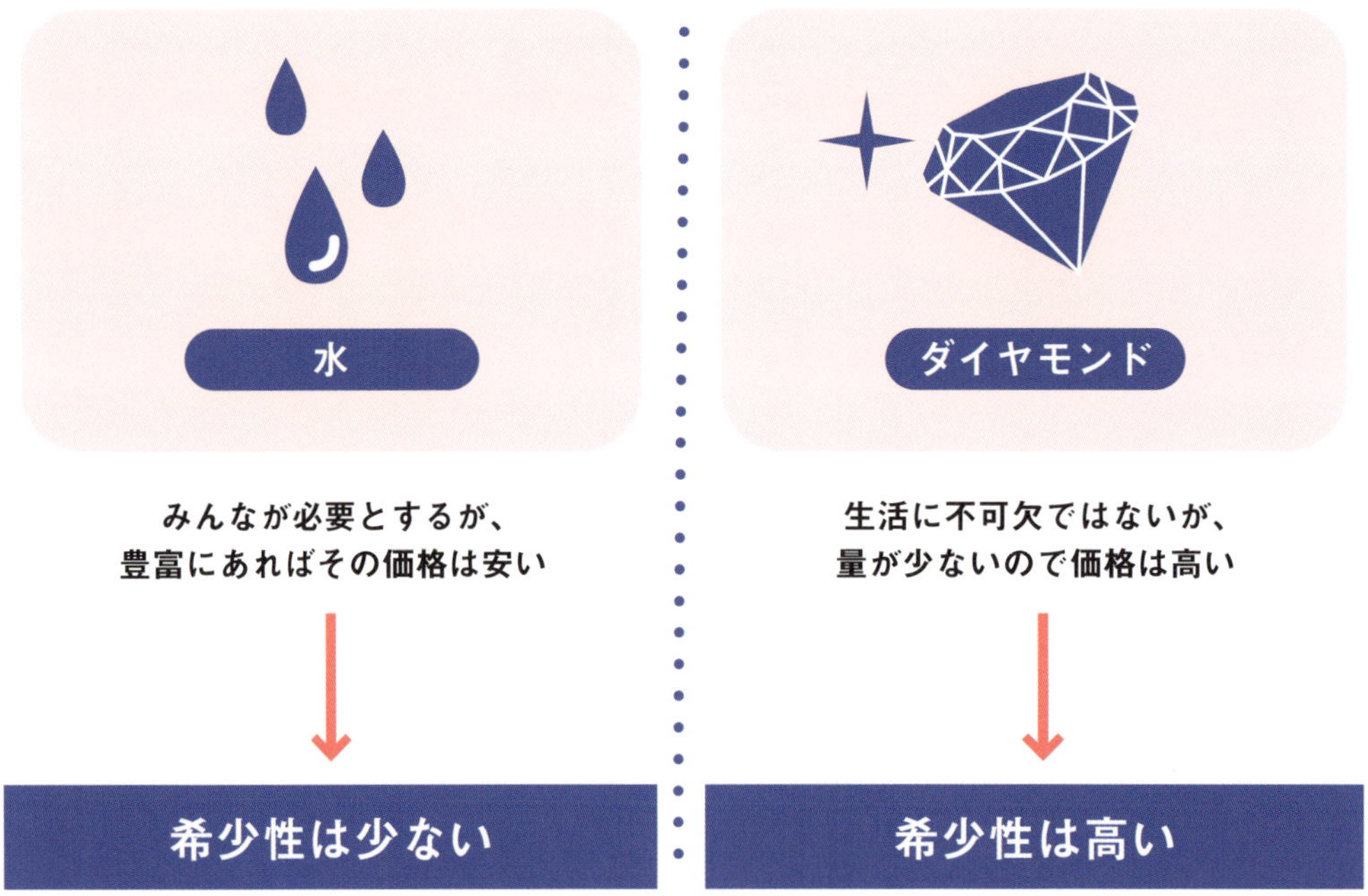
水
みんなが必要とするが、
豊富にあればその価格は安い
希少性は少ない
ダイヤモンド
生活に不可欠ではないが、
量が少ないので価格は高い
希少性は高い

希少性は相対的な需要と供給の大きさで決まる

経済学では「**希少性**」という考え方がとても重要です。希少性とは、社会的な必要性の高さのことで、**「需要」と「供給」の相対的な大きさ**で決まります。

みんなが必要とする（＝需要が高い）ものであっても、ありふれたもの（＝供給が豊富）であれば、希少性は下がります。

たとえば、水は人間の生存に絶対必要ですが、豊富に供給されていますから、希少性は高くありません。しかし、同じ水でも、中東の産油国では、石油より水の希少性が高かったりします。

希少性が高い財は価格が上がり供給量が増える

市場で決まる財の価格は、その財の希少性を反映する指標となっ

PICK UP
もっと知りたい経済学

供給のコストが下がると、企業はどんな経済行動を起こすと予想される？

より安いコストで生産が可能になると、その財の生産のために、よりたくさんの資源を投入することが望ましくなります。
安いコストで生産できれば、企業は価格を下げてその財を販売できるようになります。したがって、価格が低下するほど、需要が大きく増加する財への資源の投入が望ましいわけです。
しかし、需要があまり変化しないなら、生産コストが割安になっても、資源をそれ以上投入する必要はないといえます。

ているといえます。

ある財やサービスに対して世の中の人々の評価が高まると、その財の需要が増加します。それが価格の上昇を引き起こし、新しい企業が参入するインセンティブを与えます。

その結果、供給が増加し、**社会的な必要性の高い財・サービスの生産**により多くの資源が投入されることになります。

また、供給のための「費用（コスト）」の変化も、社会的な必要性を反映します。

需要が大きいままなら、コストが割高でも、その財を生産することが社会的に望ましいということになります。

しかし、価格が上昇して、需要が減るなら、割高のコストをかけてまでその財を生産するのは、社会的に意味のないことになります。

社会的な必要性の高さで需要・供給が決まる

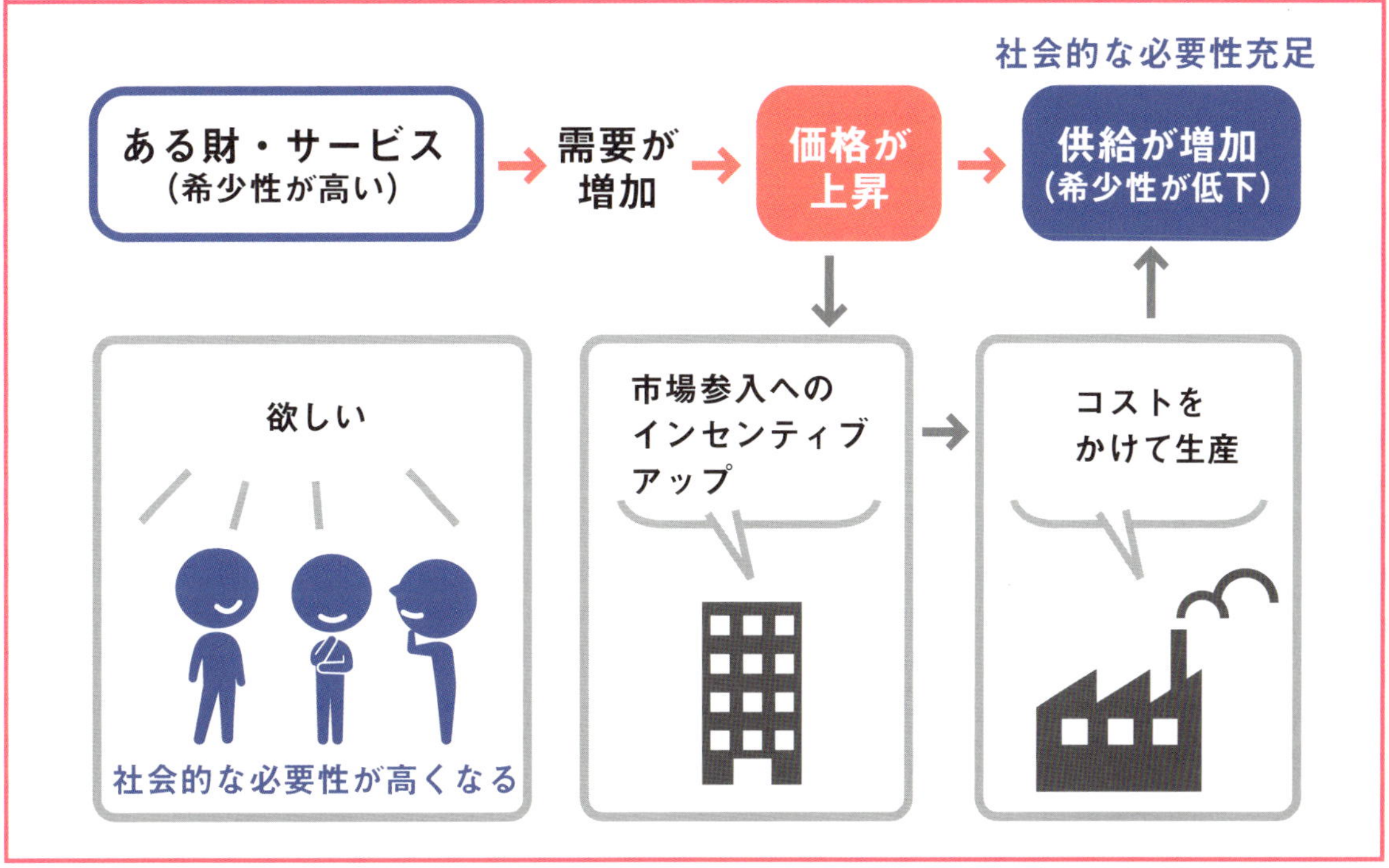

LECTURE
04

機会費用

POINT
費用とは、何らかの経済行為をする際にかかる損失のこと。目には見えないが、実質的にかかる「機会費用」の概念も押さえておこう。

費用（コスト）とは？

目に見える費用

消費行為にかかる**損失**
家計
モノ（消費する財）を買うときの**購入金額**

生産行為にかかる**損失**
企業
生産活動をする際に、労働、資本などの生産要素に支払う金額（**賃金や利子**など）

目に見えない費用

機会費用
ある行動を選択する機会があったにもかかわらず、それを選択しないことによって**失われた価値のこと**

経済行為の際にかかる損失が「費用（コスト）」

経済学では「費用（コスト）」の概念も重要です。どんな経済活動にも、費用はかかってきます。費用とは、**何らかの経済行為をする際にかかる損失**のこと。

たとえば、家計がモノを買う（＝消費）際の購入金額は、家計にとっては消費行為にかかる損失＝費用になります。また、企業が生産活動のために労働、資本などの生産のために必要な要素に支払う金額（賃金や利子）は、生産行為にかかる損失＝費用になります。

目に見えない「機会費用」も押さえておこう

これに対して、目に見えないものの、実質的にかかる損失を意味する「**機会費用**」があります。

たとえば、企業が投資をする際

に、自前で準備した資金を使えば、損は発生していないように見えます。しかし、投資に使う代わりに、その資金を誰かに貸していたら、金利などの形で収益が得られたはずです。

つまり、収入の機会があるにもかかわらず、それを利用しないでほかのことに資金を回す場合、実際にはそれだけの収入をあきらめたことになります。

それは、**収入の低下＝損失を意味する**ので、経済的には費用として計上すべきなのです。

また、機会費用は、経済主体の状況によって異なります。

たとえばA君とB君が裁判員裁判に参加するために仕事を1日犠牲にしたとします。この場合、下図のように、機会費用の高いB君のほうが、裁判員になりたがらないことが予想できます。

目に見えない機会費用も損得判断に影響する

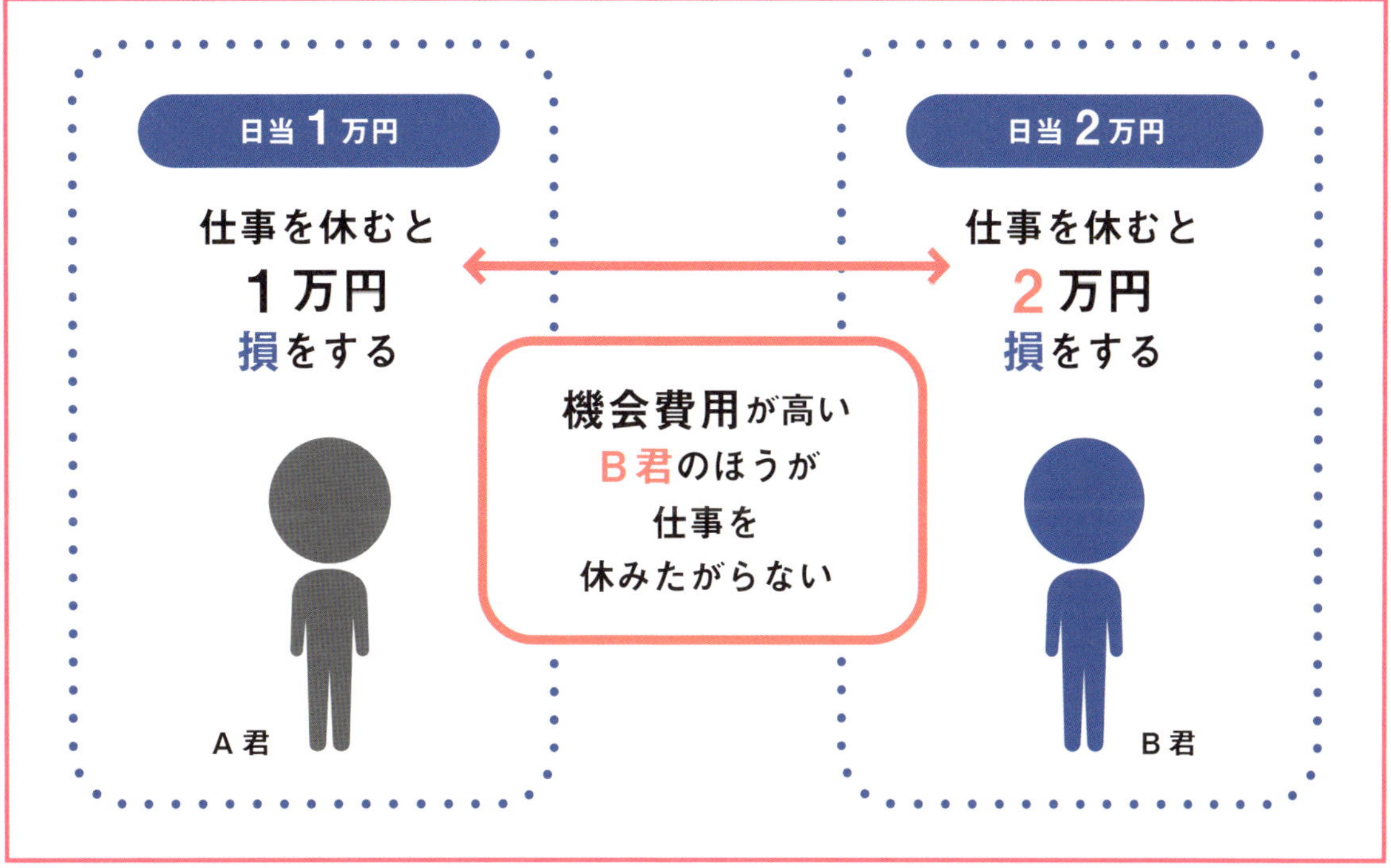
日当 1 万円
仕事を休むと
1 万円
損をする
A君
日当 2 万円
仕事を休むと
2 万円
損をする
B君
機会費用が高い
B君のほうが
仕事を
休みたがらない

COLUMN

経済分析の目的

事実解明的分析と規範的分析という2つの目的がある

経済分析の目的には、次の2つがあります。

1 **事実解明的分析（あるいは実証的分析）**

経済の現状や動きがどのようになっているかを解明する分析で、客観的な事実の理解を主要な目的とします。

2 **規範的分析**

どのような経済政策が望ましいかを、ある主観的な価値判断のもとに研究します。たとえば、家計がどのくらい消費・貯蓄するのが望ましいかを議論したり、カルテル行為をどう禁止すべきかを議論したりするのが、規範的分析です。

PART_1で知っておきたい経済用語

経済主体
経済活動に携わって意思決定をする主体のこと。家計、企業、政府の３つがある

家計
経済主体を構成するものの一つ。簡単にいえば個人や家族といった、いち消費者のこと

効用
消費（何かを買ったり、お金を払ってサービスを受けること）によって得られる満足感のこと

需要／供給
需要とは、簡単にいえば、消費者側の「買いたい」という欲求のこと。供給とは、生産者側の「売りたい」という欲求のことをいう

需要曲線／供給曲線
需要曲線は市場価格と購入したい需要量の組み合わせを図示したもの。供給曲線は、市場価格と販売したい供給量の組み合わせになる。市場価格は両曲線の交点で決定される

限界コスト
１つだけ余計にその財を購入（あるいは供給）するときの総コストの増加分。「限界」とは増加分のこと

限界効用
１つだけ余計にその財を消費したときに得られる効用（満足度）の増加分をいう。これを金銭評価したものが限界メリットになる

需要の弾力性／供給の弾力性
価格が１％上昇したときに、需要が何％減少するかを示すのが需要の弾力性、供給量が何％増加するかを示すのが供給の弾力性である。「弾力性」とは変化の大きさのこと

完全競争市場
多数の取引参加者が存在する市場のこと。寡占市場や独占市場は不完全競争市場である

ゲーム理論
戦略的意思決定に関する理論。囚人のディレンマ（→44ページ参照）が有名

PART_1
ミクロ経済学

LECTURE 05

価格と需要の関係

POINT 価格は需要と供給に影響を与える。経済学では、「限界コスト」と「限界メリット」が一致した点が最適な消費と考える。

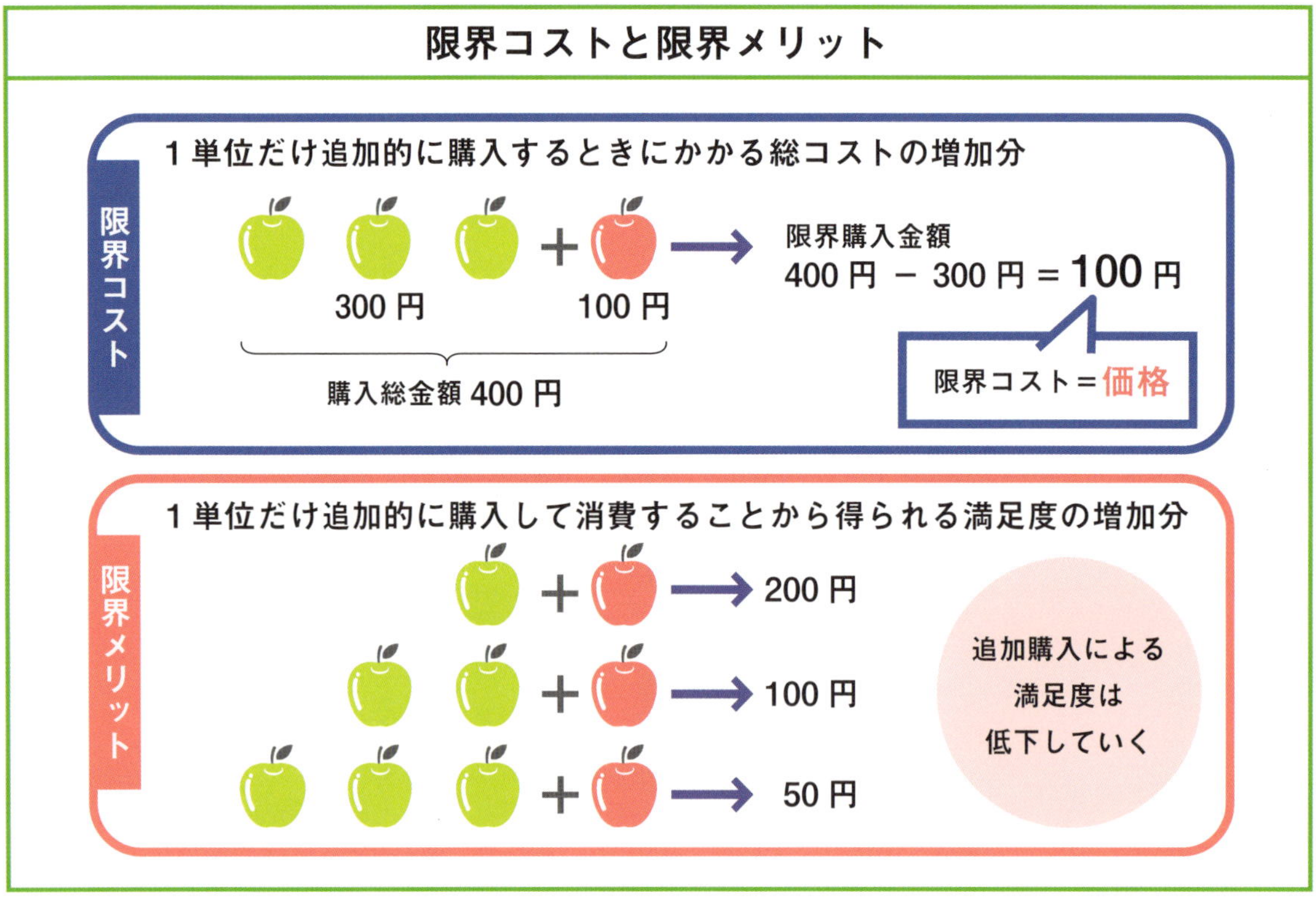
限界コストと限界メリット
限界コスト
1単位だけ追加的に購入するときにかかる総コストの増加分
300円
100円
購入総金額400円
限界購入金額
400円 − 300円 = 100円
限界コスト＝価格
限界メリット
1単位だけ追加的に購入して消費することから得られる満足度の増加分
200円
100円
50円
追加購入による
満足度は
低下していく

1個100円のリンゴを何個買えば得になる?

ある財を購入するとき、家計は「ある与えられた価格のもとで、どれだけの総コストをかけてその財を購入し、消費すべきか」という意思決定を行います。

このことを考えるために、ミクロ経済学では「限界」という概念を用います。**限界とは、簡単にいえば、増加分**のこと。

たとえば、1個100円のリンゴを、すでに3個購入していたとします。もう1個追加でリンゴを買うのが得か損かを、限界概念を用いて考えてみましょう。

ある財の限界購入金額は、1単位だけ余計にその財を購入するときの総コストの増加分**（＝限界コスト）**を意味します。

リンゴ3個に1個を追加して購入するので、購入総金額は300円から400円に100円だけ増加します。したがって限界購入金額は100円で、リンゴの価格と等しくなります。

つまり、価格はその財を消費する際の限界コストの指標になるのです。

限界メリットと限界コストの一致点が最適な購入ライン

一方、**限界メリット**は、1単位余計に購入して消費することから得られる満足度の増加分のことです。金銭的な大きさにおき直して示されます。

ただし、リンゴの購入量が増えると、消費から得られる満足度の増加分（＝限界メリット）は、次第に減少していきます。

下図のように、**最適な消費決定は、「限界コスト」と「限界メリット」との関係で決まります。**

PICK UP
もっと知りたい経済学

価格が上がったらリンゴを何個買えば“最適な”購入になる？

リンゴの価格が100円から200円に上がると、限界コストも200円に上昇します。下図のように3個目の購入では限界メリット（100円）より限界コスト（200円）のほうが高くなるため、家計にとって購入は損になります。リンゴの購入は、2個に減らすことが望ましくなります。

では、価格が300円に上がったらどうでしょう。最初の1個のリンゴを買うときの限界メリットが300円であれば、リンゴの購入量は1個に減ることになります。

いちばん得する消費行動とは

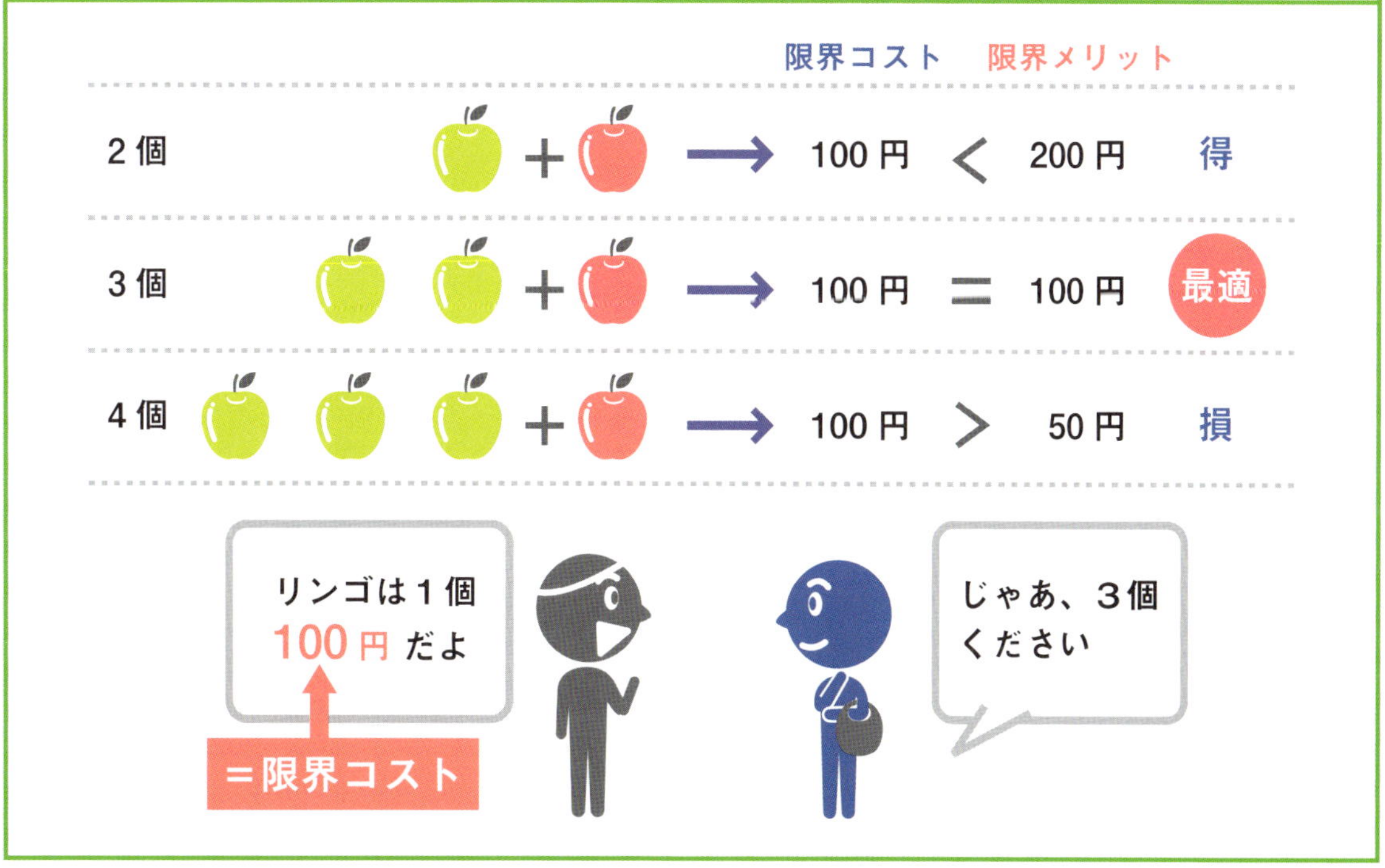

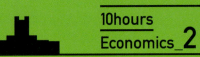

LECTURE 06

需要曲線

POINT 需要曲線は縦軸に価格、横軸に需要量を取った右下がりの曲線。所得や競争財の価格の変化などで「需要曲線のシフト」が起きる。

需要曲線とは？

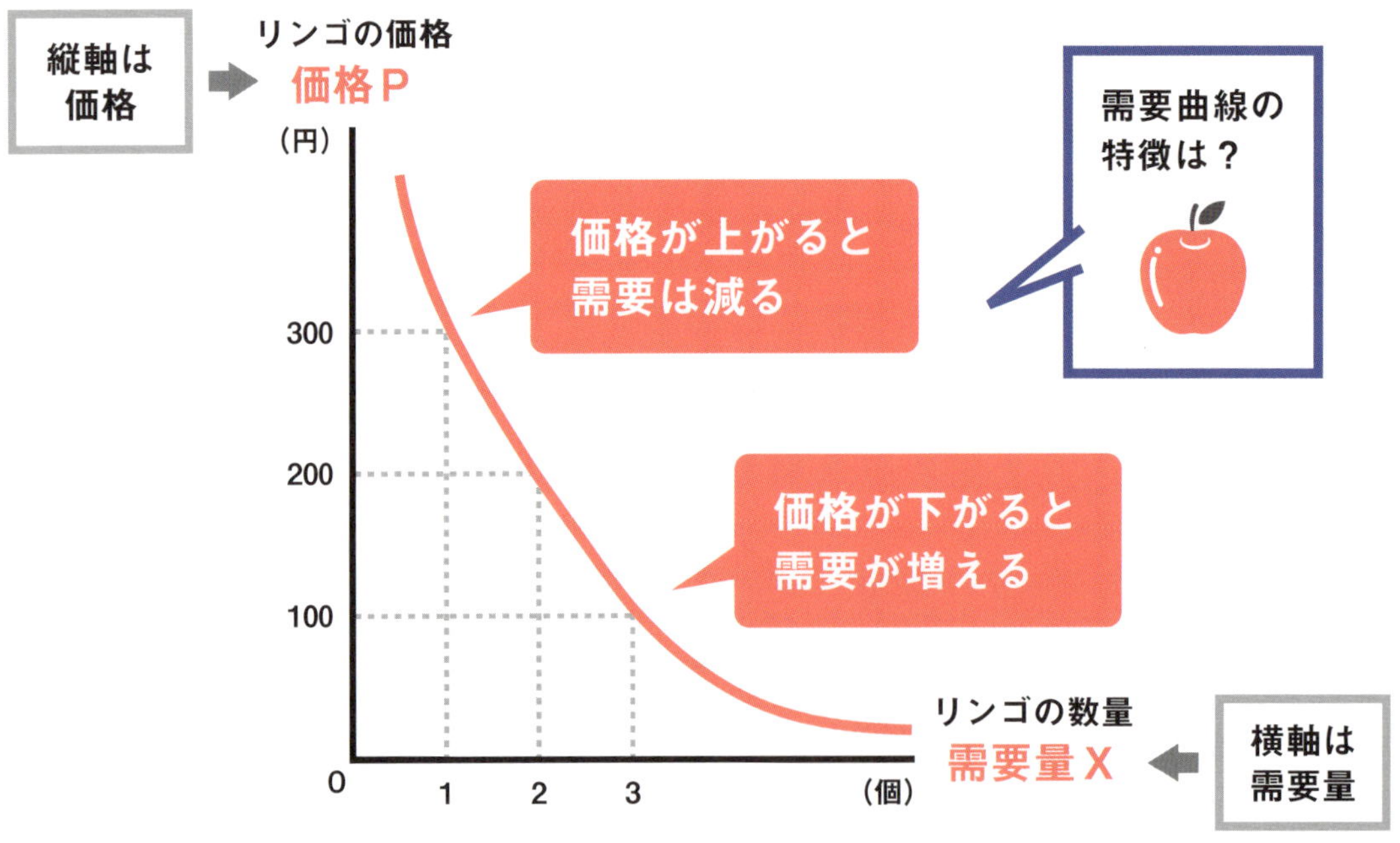

需要曲線は価格と需要の関係を示す右下がりの曲線

家計の消費行動を見ると、価格が上がれば（限界コストも上がるので）、需要量は減ると予測できます。逆に、価格が低下すれば需要量は大きくなります。

価格と購入したい量（需要量）との組みあわせを、**縦軸に価格、横軸に需要量を取る図で示したのが、「需要曲線」です。**通常、需要曲線は右下がりの曲線として描くことできます。

所得が増えると需要曲線は右上にシフトする

需要は、家計の可処分所得（実際に消費に回せる所得）にも左右されます。

給料が増えて懐具合がよくなると、家計は同じ価格であっても、前よりたくさんのリンゴを買いたいと思います。

たとえばリンゴの価格が100円の場合に、3個ではなく5個買いたいと思い、価格が200円では4個、300円では3個買いたいと思うとしましょう。

すると、下図の需要曲線Aの代わりにBのような価格と需要量との新しい組みあわせが見られることになります。新しい需要曲線は、古い需要曲線よりも右上方に押し上げられます。このような需要曲線の移動を「**需要曲線のシフト**」といいます。

また、ある財と競合関係にあるような財の価格も需要に影響します。たとえば、ミカンなどほかの果物の価格はリンゴの需要に影響します。ミカンが安くなれば、リンゴでなくミカンを買おうと思うからです。ある財の嗜好の変化も、同じように需要に影響を与えます。

CHECK
直角の双曲線と線形の需要曲線

需要曲線の形状はいろいろあり得ます。下は直線（一次関数）の需要曲線の例です。

直角の双曲線

下図Aのような需要曲線です。算式は次のとおり。aは正の定数（パラメーター）です。

$$P\,(\text{価格}) = \frac{a}{x\,(\text{数量})} \quad (a>0)$$

線形の需要曲線

P（価格）＝−ax＋b（a＞0, b＞0）

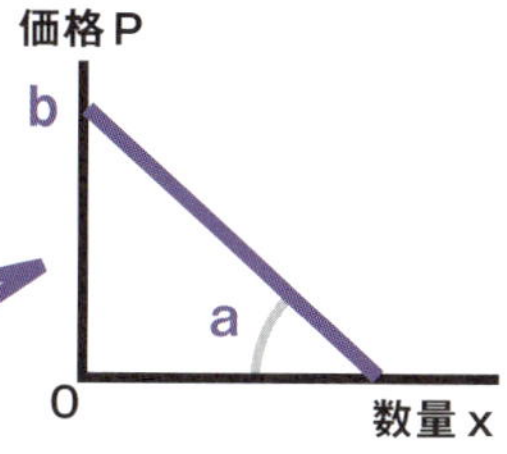

需要曲線はシフトする

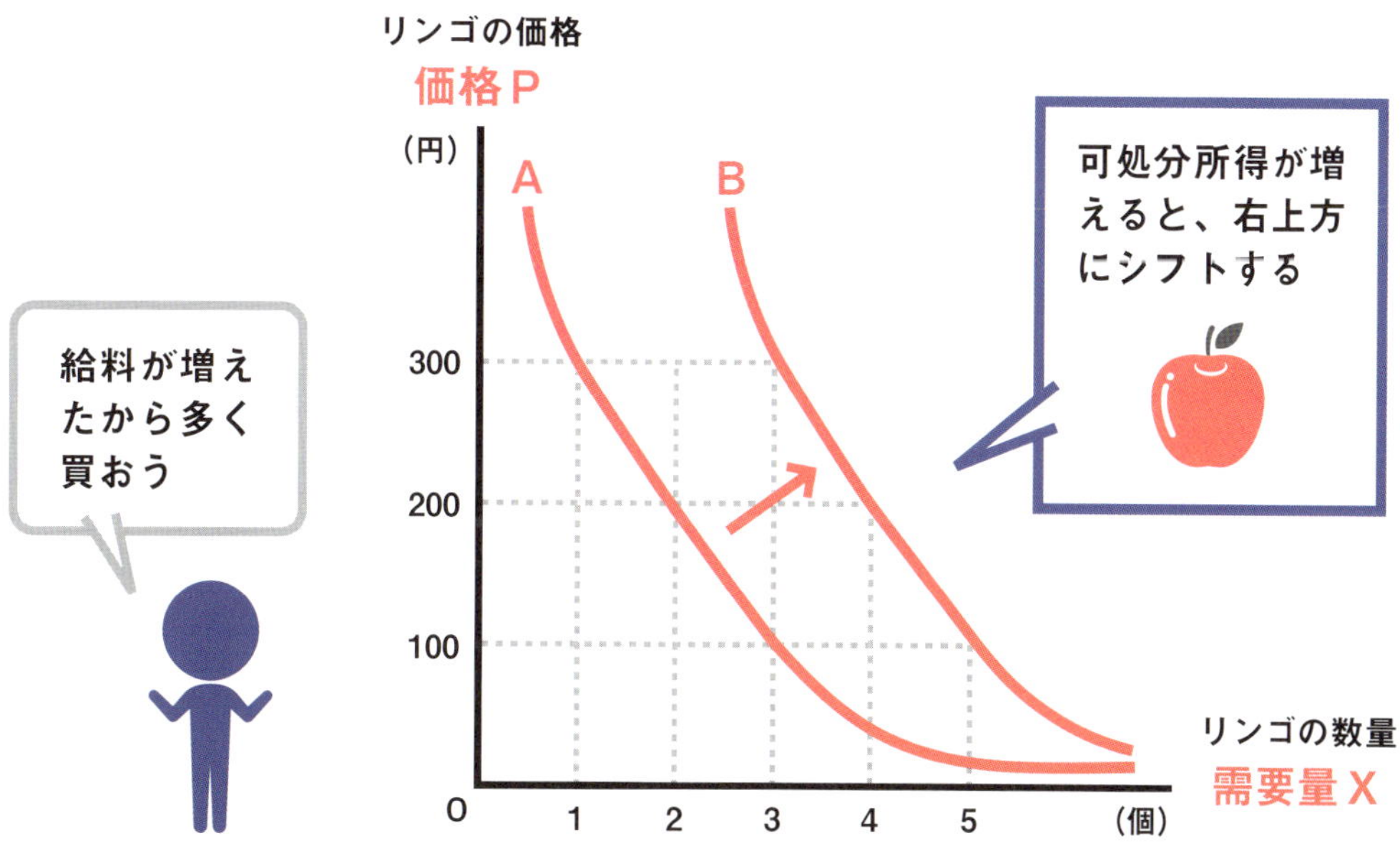

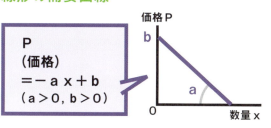

LECTURE 07

供給曲線

POINT
供給曲線は縦軸に価格、横軸に供給量を取った右上がりの曲線になる。生産コストが変化すると「供給曲線のシフト」が起きる。

供給曲線とはどのようなものか

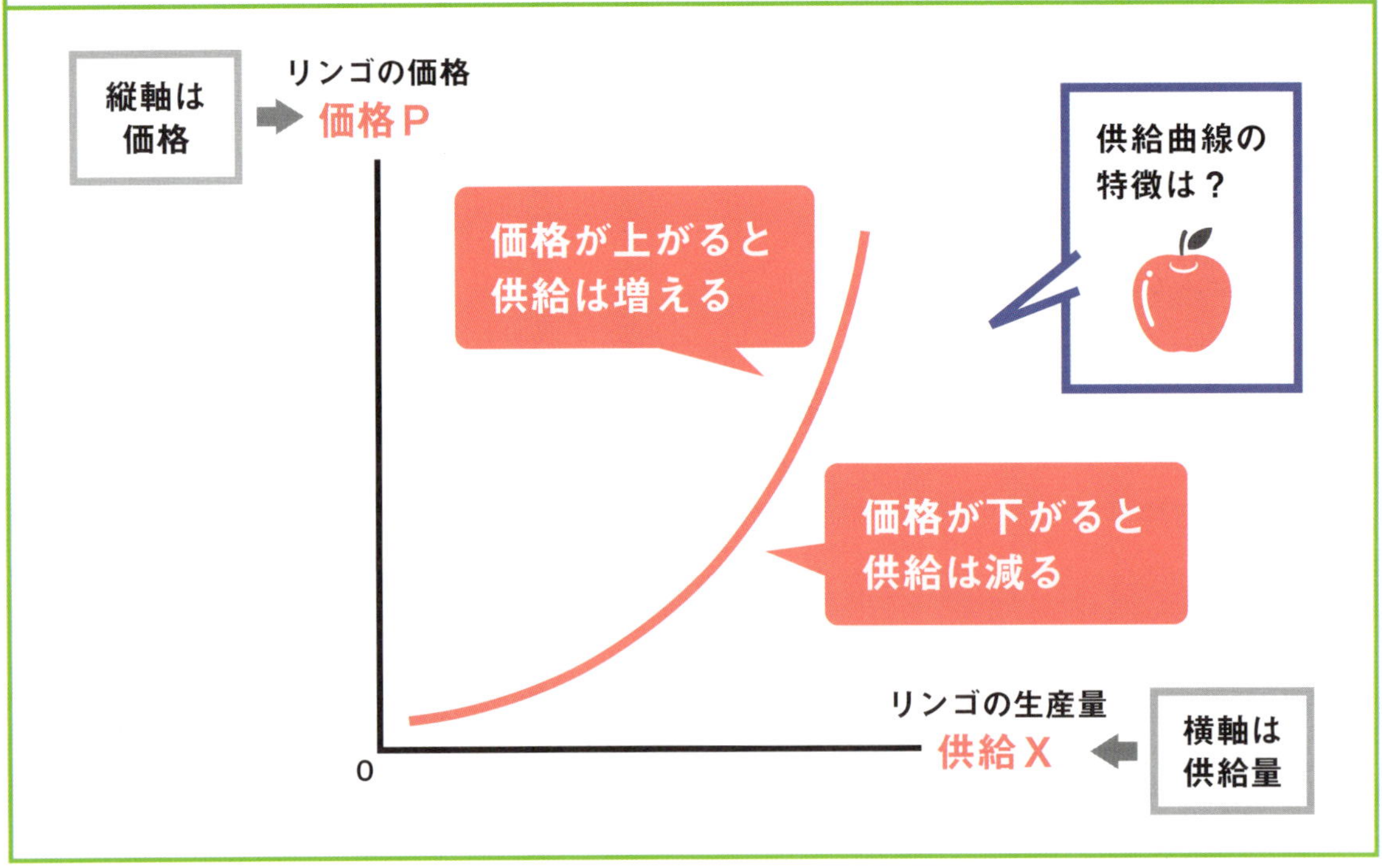

供給曲線は価格と供給の関係を示す右上がりの曲線

ある財の販売価格と供給量の関係を図で示したのが、「**供給曲線**」です。

縦軸に価格、横軸に数量を取ると、供給曲線は右上がりの曲線として描くことができます。

企業は、市場で成立する価格のもとで、この供給曲線上の生産量を市場に供給します。価格が上昇すれば、市場で供給される財・サービスも多くなります。

生産コストの変化により供給曲線はシフトする

では、ある財の供給は、価格以外に、どのような経済変数の影響を受けるのでしょうか。

同じ価格のもとでも、限界的な生産コストに影響を与える経済変数が変化すれば、限界コストも変化します。そのため、企業の供給したい数量は変化します。

生産コストに影響を与える要因として重要なのは、生産要素の価格です。たとえば、ある財の生産のために工場で働く人の賃金が上がれば、生産コストも上がるので、いままで以上に限界コストが上がります。

すると、いままでと同じ市場価格では採算が取れなくなりますから、企業は生産活動を抑え、供給が減少していきます。

その結果、その財の供給曲線は左上方に押し上げられます。これが**供給曲線のシフト**です。

また、天候不順や予想外の技術的なトラブルなどが発生して、いままでよりもある財を生産するのにコストがかかりすぎる場合にも、供給曲線は左上方にシフトすることになります。

PICK UP もっと知りたい経済学

企業の供給活動を「限界概念」を用いて説明してみると？

企業が、追加的にその財を生産して市場に供給する金銭的な利益の増加分は、収入の増加分（＝限界収入）です。これは販売価格と同じ金額であり、供給の「限界メリット」となります。

一方、限界的なコストは、追加的に生産するために要する費用の増加分（＝限界コスト）であり、限界デメリットとなります。この2つが一致する点まで企業は生産活動をするのが望ましいといえます。

供給曲線はシフトする

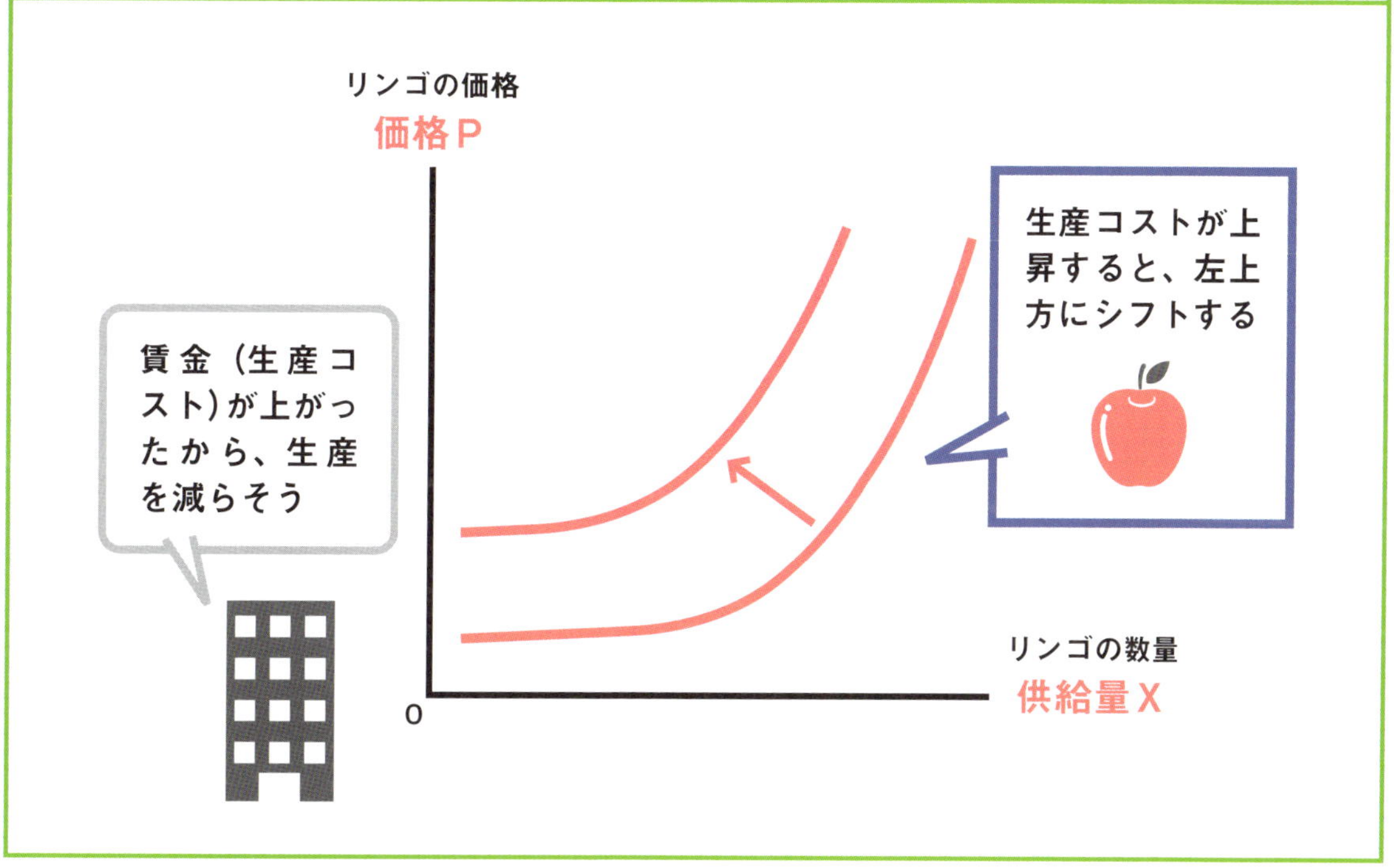

LECTURE 08

需要・供給の弾力性

POINT 価格が上がると、需要や供給は変化する。その変化の大きさが「弾力性」である。弾力性は需要・供給曲線の傾きで見ることもできる。

弾力的な需要曲線と非弾力的な需要曲線

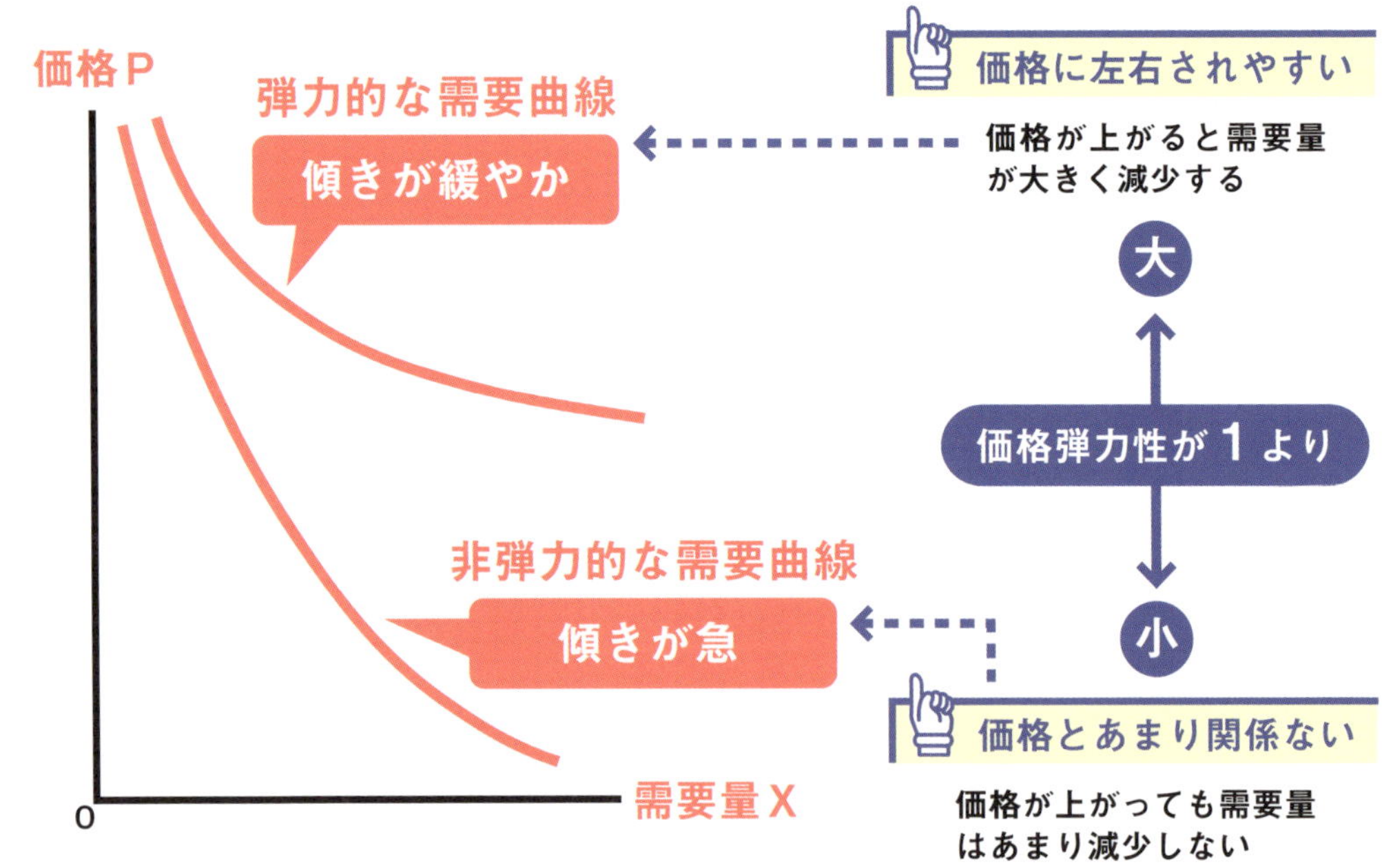

価格が上がると需要は何%減少するのか？

「この商品を何円値上げしたら、買ってくれるお客さんはどれくらい減ってしまうのか」。

この判断は、企業にとって死活問題ですよね。

こうしたことを判断するのに重要なのが、需要曲線の傾きです。経済学では、この曲線の傾きを判断するのに、「弾力性」という概念を用います。

需要の弾力性とは、価格が1％上昇したときに需要量が何％減少するかで示されます。

需要が弾力的な財は贅沢品に多くあります。たとえば宝石は値段が高ければ無理して買おうと思いませんね。でも、安ければ買いたい家計は増えます。

一方、需要が非弾力的な財の代表は生活必需品。かつほかの財であまり代替が利かないものです。たとえば、塩は値段が高くても買わないわけにいきませんね。また代替も利きません。安くなっても、家計が塩を大量に買うメリットはほぼないでしょう。

価格が上がると供給は何%増加するのか?

需要と同様に、供給の弾力性という考え方もあります。

供給の弾力性は、価格が1%上昇するときに供給量が何%増加するかで定義できます。

供給の弾力性が大きいほど、価格が上昇したときに供給量が大きく変化するので、供給曲線の傾きは小さくなります。

逆に、価格の弾力性が小さい場合には、価格が上昇してもあまり供給は拡大せず、供給曲線の傾きは大きくなります。

CHECK
需要の弾力性と供給の弾力性

需要の弾力性

価格が1%上昇したときに、需要が何%減るかを示す。

算式

$$\frac{\text{需要の減少幅（\%）}}{\text{価格の上昇幅（\%）}}$$

計算例
価格が 10 から 50 に 40 増加したとき、需要量が5から4に縮小したとすれば、価格の上昇幅は 400%（40 ／ 10 ＝ 4）で、需要の減少幅は 20%（1 ／ 5 ＝ 0.2）。価格弾力性は、20 ／ 400 ＝ 0.05 となる。

供給の弾力性

価格が1%上昇するときに、供給量が何%増加するかを示す。

算式

$$\frac{\text{供給の増加幅（\%）}}{\text{価格の上昇幅（\%）}}$$

弾力的な財と非弾力的な財

需要の弾力性

価格に対して需要が弾力的な財
- 贅沢品
- 競争財の多い財

価格に対して需要が非弾力的な財
- 必需品
- 競争財の少ない財

供給の弾力性

価格に対して供給が弾力的な財
- 弾力性1以上
- 低コストで長期の貯蔵が可能
- 長期での供給

価格に対して供給が非弾力的な財
- 弾力性1以下
- 長期の貯蔵が不可能

LECTURE 09

家計の消費

POINT
家計は消費から得られる経済的な満足（効用）を最大にするように行動する。
最適な消費は、限界メリットと限界デメリットの一致点になる。

消費による満足度はだんだん減っていく

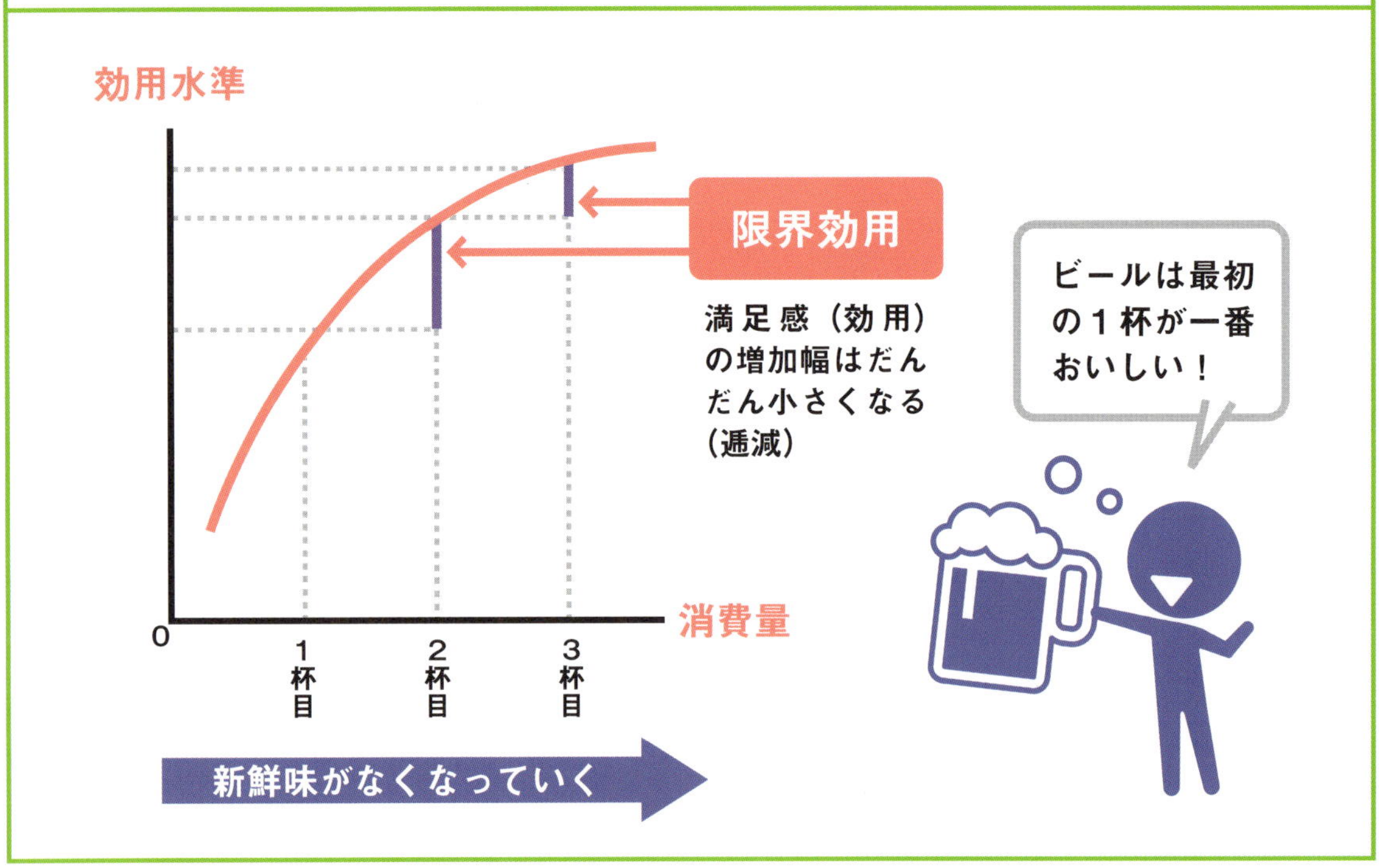

家計は満足度＝効用を高めるためにモノを消費する

家計はいろいろなモノ（＝財やサービス）を消費することで、満足度（＝効用）を高める消費活動を行います。

ある時点でモノの消費量が増えると、その時点での消費から得られる満足度（＝効用水準）が増加します。

しかし、その増加の大きさ（＝限界効用）は、次第に減っていきます。このことを**限界効用逓減の法則**と呼んでいます。

一番得なのは価格と限界効用の一致点で消費すること

ここでリンゴの消費量を1単位だけ拡大したとします。このときの追加的なメリットは、消費から得られる限界効用です。しかし、追加限界効用は逓減しますから、追加的なメリットも減少します。そこで、限界メリット曲線は、右下がりになります。

一方、限界的なデメリットとは、リンゴの消費を増やす代わりに、他の財・サービスに回す資金量（=リンゴの価格分）が減少することです。そこで、リンゴの市場価格のところで、限界デメリット曲線は水平となります。

このときのリンゴ消費の**主体的な均衡点**（最適な消費を決める点）は、**限界メリット曲線と限界デメリット曲線の交点**です。

交点より左側ではリンゴを追加して購入するメリットのほうが大きいので、リンゴをもっと購入することが望ましいことになります。

逆に、交点の右側ではデメリットのほうが大きくなるため、リンゴの購入を減らすほうがよいことになります。

CHECK
限界効用

その財の消費量の増加分とその財の消費から得られる効用の増加分との比率。

算式

$$\frac{\text{効用の増加分}}{\text{消費の増加分}}$$

解説

限界効用は、１単位だけ財の消費が増加したとき、効用がどの程度限界的に増加するかを示したもので、次の２つの特徴があります。

1. **限界効用はプラスである**
2. **限界効用は逓減する（限界効用逓減の法則）**

限界メリットと似た概念ですが、限界メリットが効用をお金で評価したものであるのに対して、限界効用は主観的に評価したものです。

最適な消費量はどこ？

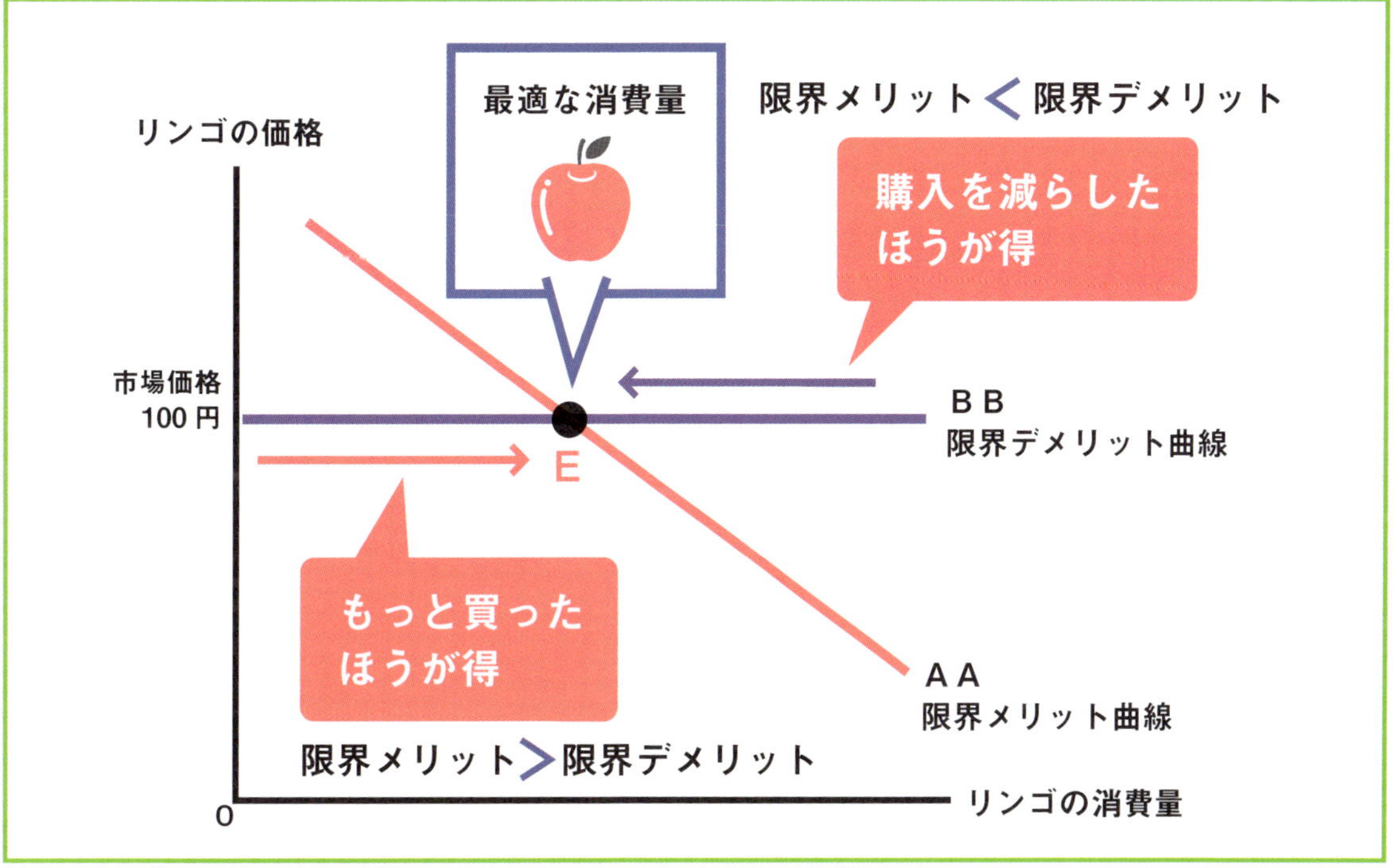

LECTURE
10

所得効果

POINT

所得が増加すると、モノを買えるお金が増えるので、消費量が拡大する。
この所得の増加による効果を「所得効果」と呼ぶ。

所得効果の４ステップ

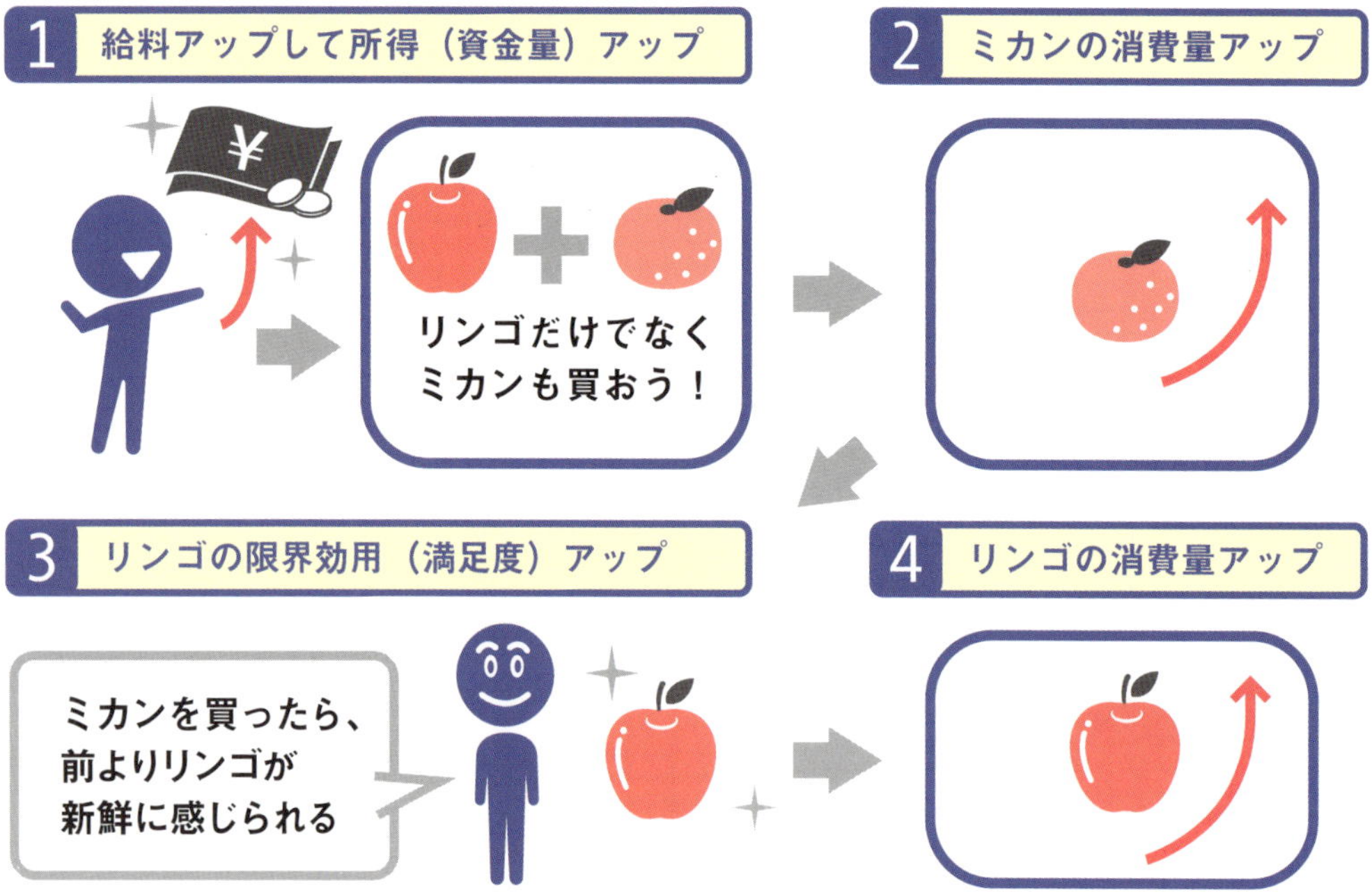

所得が増えると「所得効果」が生じ消費に影響が出る

給料が増えて所得が増加すると、消費全体に回せる資金量が増加しますね。このとき、**所得の増加が消費に与える効果を、「所得効果」といいます。**

たとえば、リンゴとミカンという財があり、リンゴの消費量はそのままで所得が増えたとします。これはリンゴ以外の財・サービス、つまり、ミカンの消費量が増えることを意味します。

さて、ミカンをたくさん食べていると、リンゴを食べるときに、リンゴの味が新鮮に感じられますよね。すると、消費から得られるリンゴの限界効用が増加します。

その結果、リンゴの限界メリット曲線は次ページ図のように上方にシフトします。所得の増加によってミカンの消費を増加させられれば、消費者はリンゴの消費も増やしたくなるわけです。

この所得の変化による限界メリット曲線のシフトが所得効果です。通常の消費財は所得効果がプラスで、こうした財を**正常財**または**上級財**といいます。

所得が増えると消費が減ってしまう財・サービスもある

財・サービスによっては、所得が増えると消費が減り、限界メリット曲線が下方にシフトするものもあります。

そのような財は、**劣等財**あるいは**下級財**といいます。たとえば主食としてのコメは正常財ですが、麦やジャガイモは劣等財です。所得が低いときはジャガイモや麦飯を食べても、所得が増えると、白米を食べるようになり、消費量が減るからです。

所得効果で限界メリット曲線がシフト！

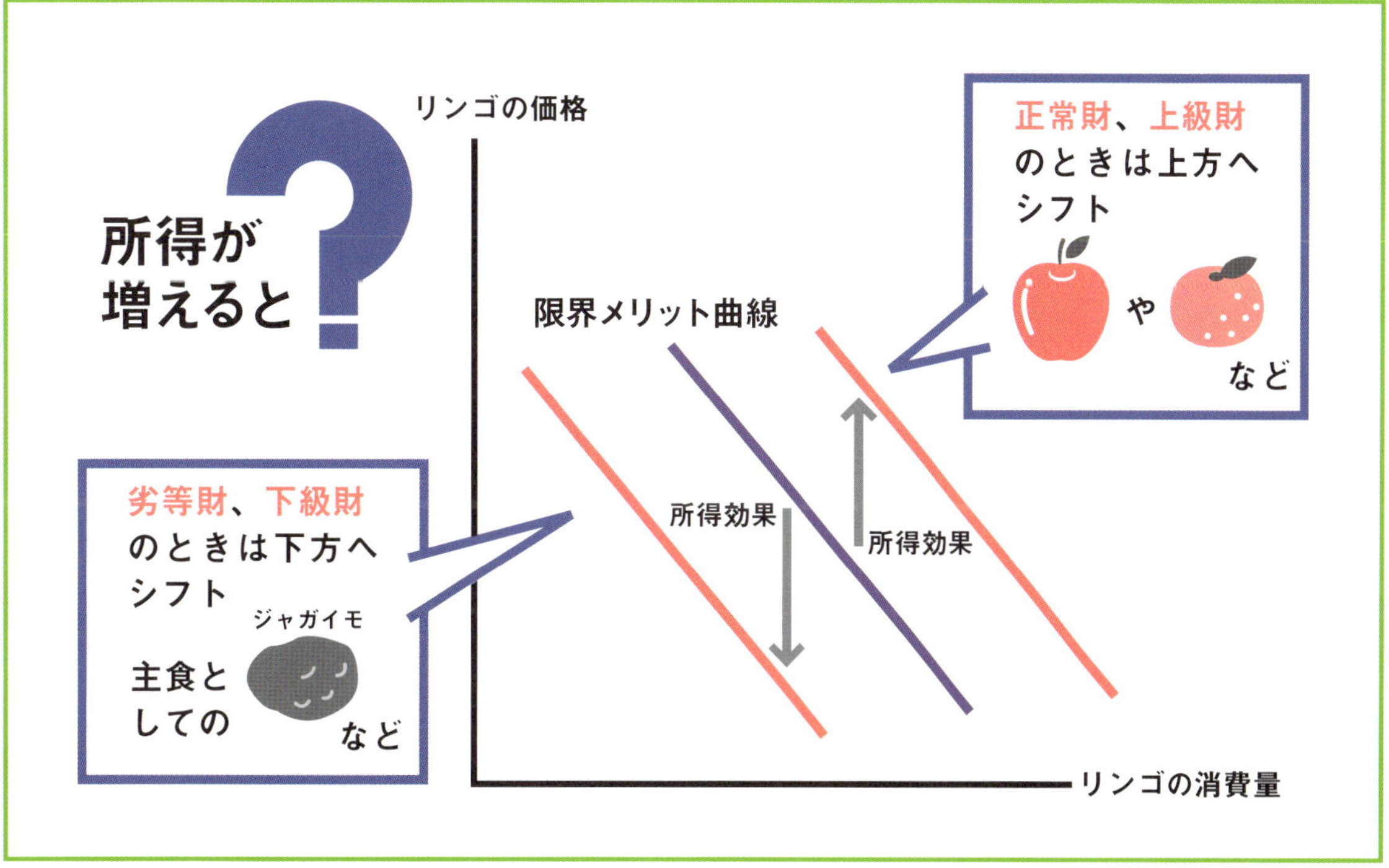

COLUMN

経済分析の方法

部分均衡分析と一般均衡分析の違いを知っておこう

経済分析の方法には次の２つがあります。

1 **部分均衡分析**

ある特定の対象（通常はひとつの市場：たとえばリンゴ）に限定して分析を行います。その市場で取引される財以外の価格（ミカン）などは「他の条件として一定」とみなされます。下図をはじめ本書で扱うのはその例です。

2 **一般均衡分析**

あるモデルを用いてすべての経済変数の動きをまとめて説明するものです。たとえば、ある財の需要に影響すると思われるすべての財の価格を説明します。

LECTURE 11

代替効果

POINT ある財（リンゴ）の価格が下がると、ほかの財（ミカン）より購入が有利になるため、その財（リンゴ）への「代替効果」が起きる。

価格が下がるとダブルで効果が起こる

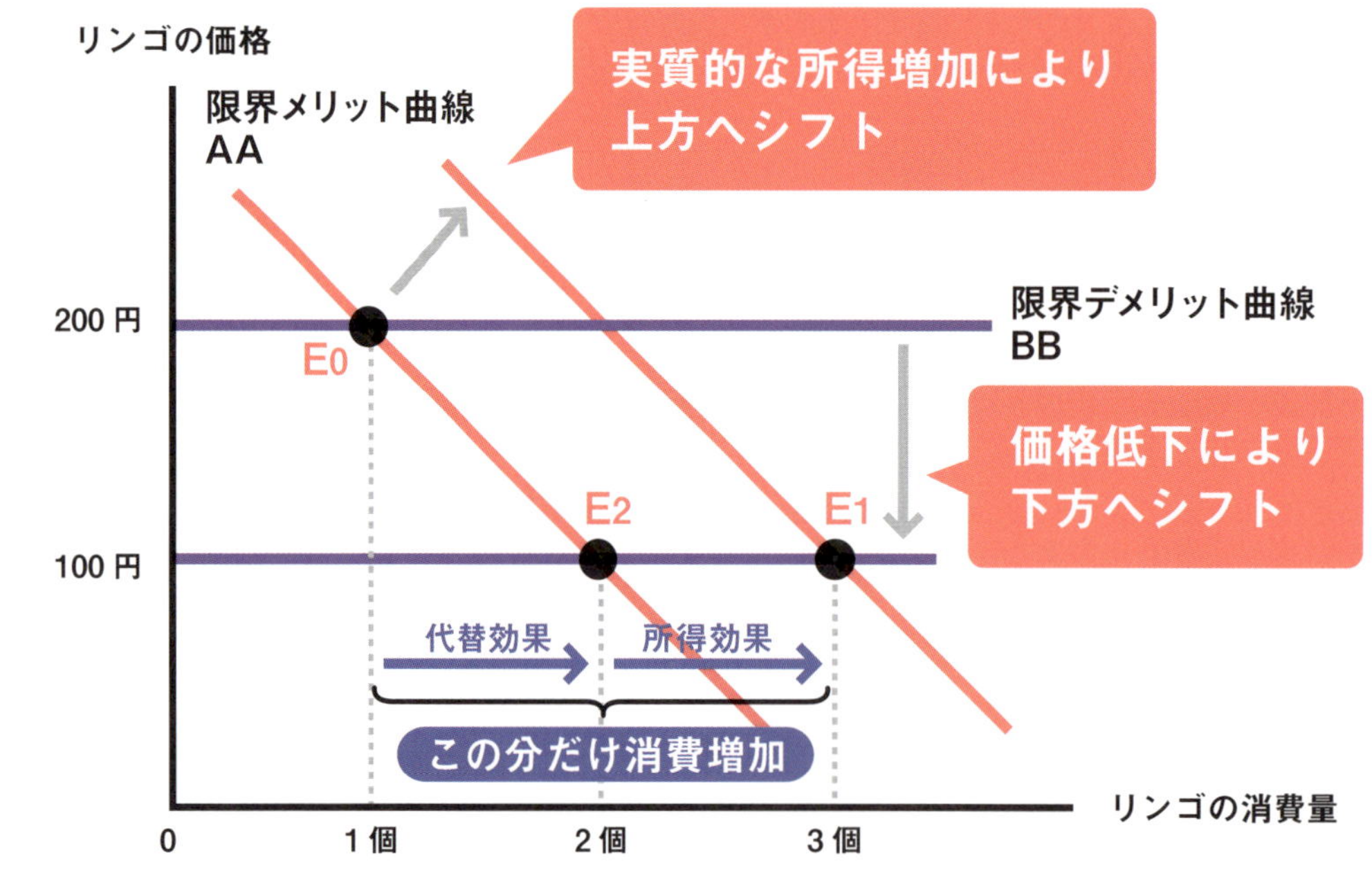

価格が下がると代替効果によって消費が増える

リンゴの価格が下がると、ミカンよりリンゴの購入が相対的に有利になりますから、リンゴの消費が増加します。これを**代替効果**と呼んでいます。

上の図で見てみましょう。価格が低下すると、限界デメリット曲線BBは、下方にシフトします。

それと同時に、限界メリット曲線AAが上方にシフトします。

これは、リンゴの購入量を元のままに維持したとき、リンゴの価格が下がることで他の財に回せる資金量が増加するからです。相対的に可処分所得が増えるため、結果的に所得の拡大と同じ効果を持つことになります。

そして、価格の低下によって、限界デメリットと限界メリットの均衡点はE_0からE_1へと移動し、**リンゴの消費量は増加することになります。**

PICK UP
もっと知りたい経済学

価格が上がっても需要が減らず増えてしまうのが「ギッフェン財」

所得効果がマイナスの劣等財の場合、その財の価格が上がっても、需要が増加することがあります。代替効果よりも所得効果が大きくなり、価格上昇による効果がプラスに働くためです。こうした財を「ギッフェン財」といいます。1845年のアイルランドでは、飢饉でジャガイモの価格が上がりました。このとき家計は、他の財（パンや肉）への支出を減らし、主食のジャガイモの支出を増やしました。その結果、ジャガイモの価格上昇と同時にジャガイモの需要も増加したのです。

価格が変わると代替効果と所得効果の両方が起きる

均衡点を見ると、E_0からE_2への動きが限界デメリット曲線のシフトによる効果（**代替効果**）、E_2からE_1への動きが限界メリット曲線のシフトによる効果（**所得効果**）になります。

このように、価格変化は代替効果と所得効果に分解することができます。代替効果は実質的な所得が変化しないときの価格の動きで、プラスになります。

所得効果は正常財であればプラスとなり、価格が下がると、その財の購入量は必ず増加します。

また、ある財の需要は、他の財の値段によっても変わってきます（下図参照）。

代替財と補完財とは

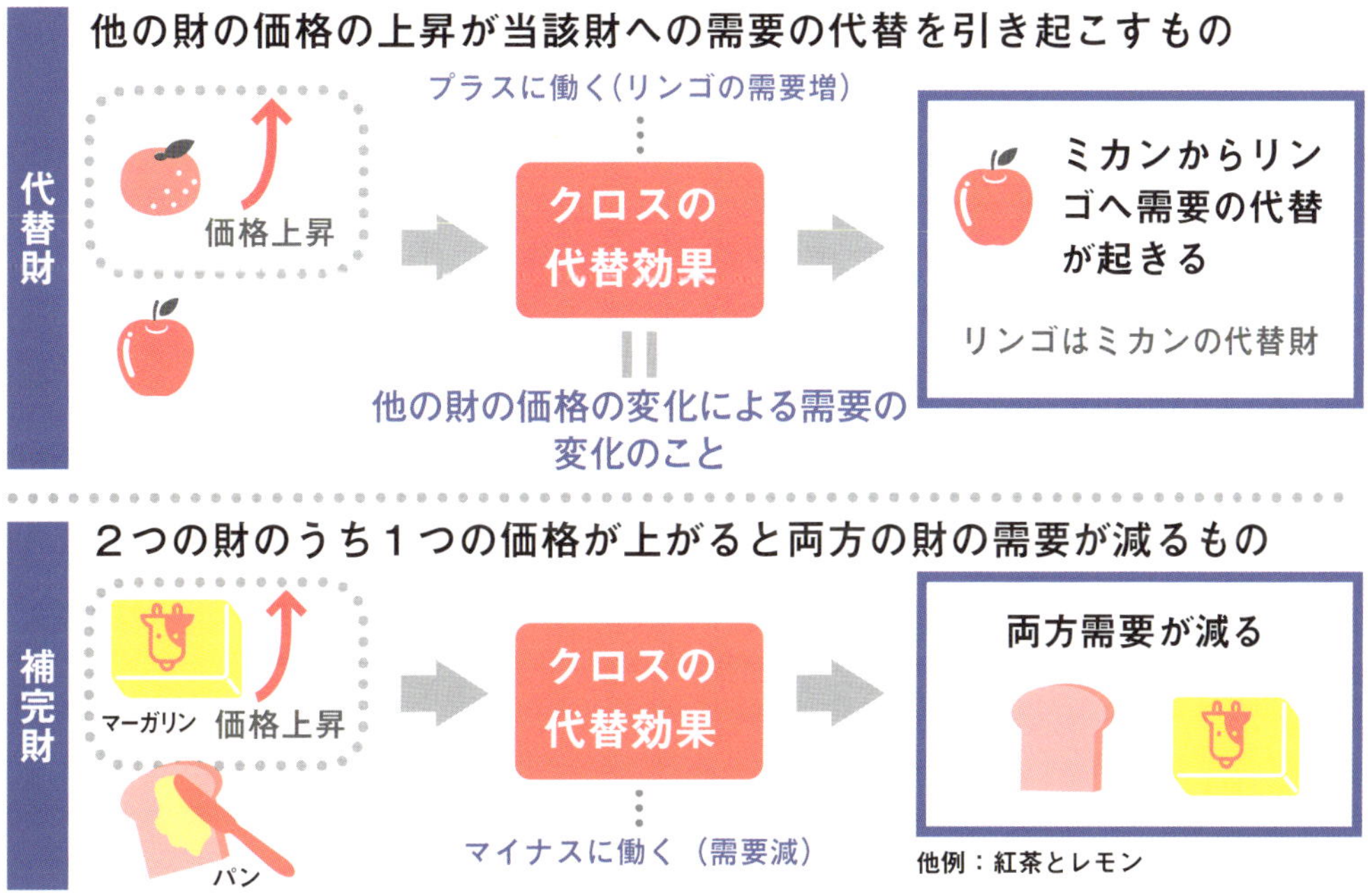
代替財
他の財の価格の上昇が当該財への需要の代替を引き起こすもの
価格上昇
プラスに働く（リンゴの需要増）
クロスの代替効果
他の財の価格の変化による需要の変化のこと
ミカンからリンゴへ需要の代替が起きる
リンゴはミカンの代替財
補完財
2つの財のうち1つの価格が上がると両方の財の需要が減るもの
マーガリン
価格上昇
パン
クロスの代替効果
マイナスに働く（需要減）
両方需要が減る
他例：紅茶とレモン

LECTURE 12

企業の目的

POINT 企業の目的は、最大利潤の追求である。そのために、労働者を雇用し、投資を決定して、生産した財・サービスを市場価格で販売する。

企業の目的は利潤の追求

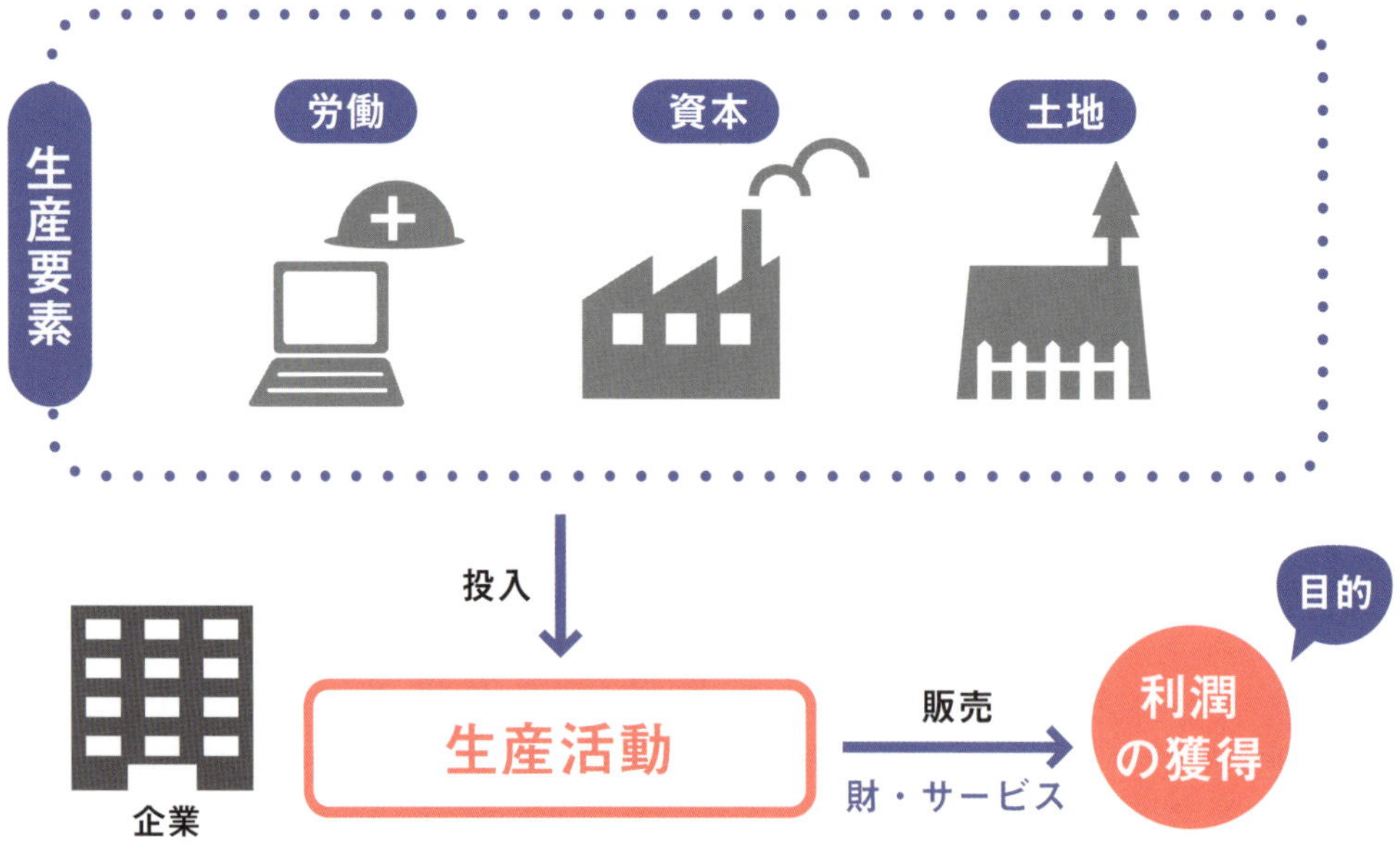

企業は利潤を追求する経済主体として生産活動を行う

企業は労働（労働者を雇用）、資本（生産設備など）、土地という3つの生産要素を投入して生産活動を行う経済主体です。

市場では、多くの企業が競争していますが、その**最大の目的は利潤の追求**です。こういうと、「従業員にいっぱい給料を払って幸せにすることは企業の目的ではないのか」「企業の目的は株主への配当確保ではないのか」「社会的責任を果たすからこそ、存在意義があるのではないか」という人もいるでしょう。

確かにそれらもすべて企業の目的ということができます。

社会貢献などは長期的な利潤追求の結果として実現される

しかし、これらの目的も、結局

は**"長期的な利潤の追求"という概念でまとめることができる**でしょう。

なぜなら、利潤が獲得できるからこそ、従業員の経済的な要求にも対応でき、社会的な貢献も可能になり、株主の配当に応えていくことができるからです。

企業の社会的貢献も、採算を度外視して行われるわけではありません。

社会的な貢献をすることで消費者イメージがよくなれば、有利な立場で製品を販売できますし、労働雇用においても優秀な人材を確保しやすくなるからです。

したがって、企業の社会的な貢献は長期的な利潤の追求と矛盾しないのです。

また、長期的なシェアの拡大も、長期的な利潤追求のひとつの手段であると解釈できます。

PICK UP
もっと知りたい経済学

ミクロ経済学では生産にかかる費用を最小化する分析を行う

企業は利潤を最大化する前提として、生産にかかる費用を最小にして、より効率的に生産する必要があります。

ミクロ経済学では、完全競争市場での生産物はつくっただけ売れると仮定します。そこで、生産活動の分析に重きがおかれているわけです。

どこまで生産量を拡大するかは利潤最大化行動の結果として決まりますが、生産にかかる費用を小さくすることは、常に企業の利益に合致します。

利潤最大化のためにミクロ経済学で扱うのは？

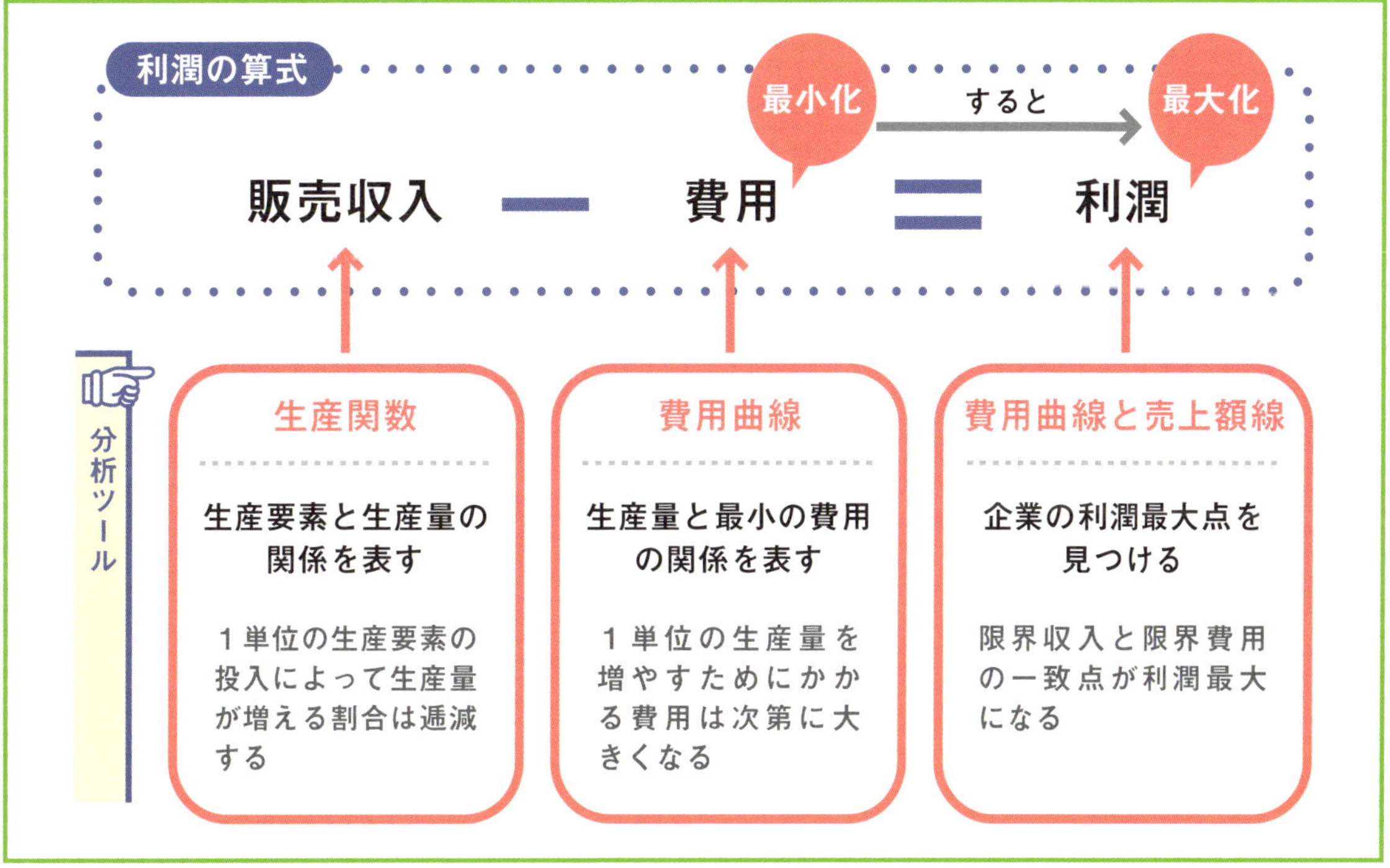
利潤の算式
最小化
すると
最大化
販売収入
費用
利潤
分析ツール
生産関数
生産要素と生産量の関係を表す
1単位の生産要素の投入によって生産量が増える割合は逓減する
費用曲線
生産量と最小の費用の関係を表す
1単位の生産量を増やすためにかかる費用は次第に大きくなる
費用曲線と売上額線
企業の利潤最大点を見つける
限界収入と限界費用の一致点が利潤最大になる

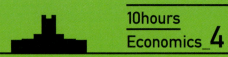

LECTURE 13

生産関数

POINT ひとつの生産要素のみを投入しつづけると、生産量の増加の大きさ（限界生産）は次第に低下していく（＝限界生産逓減の法則）。

限界生産逓減の法則

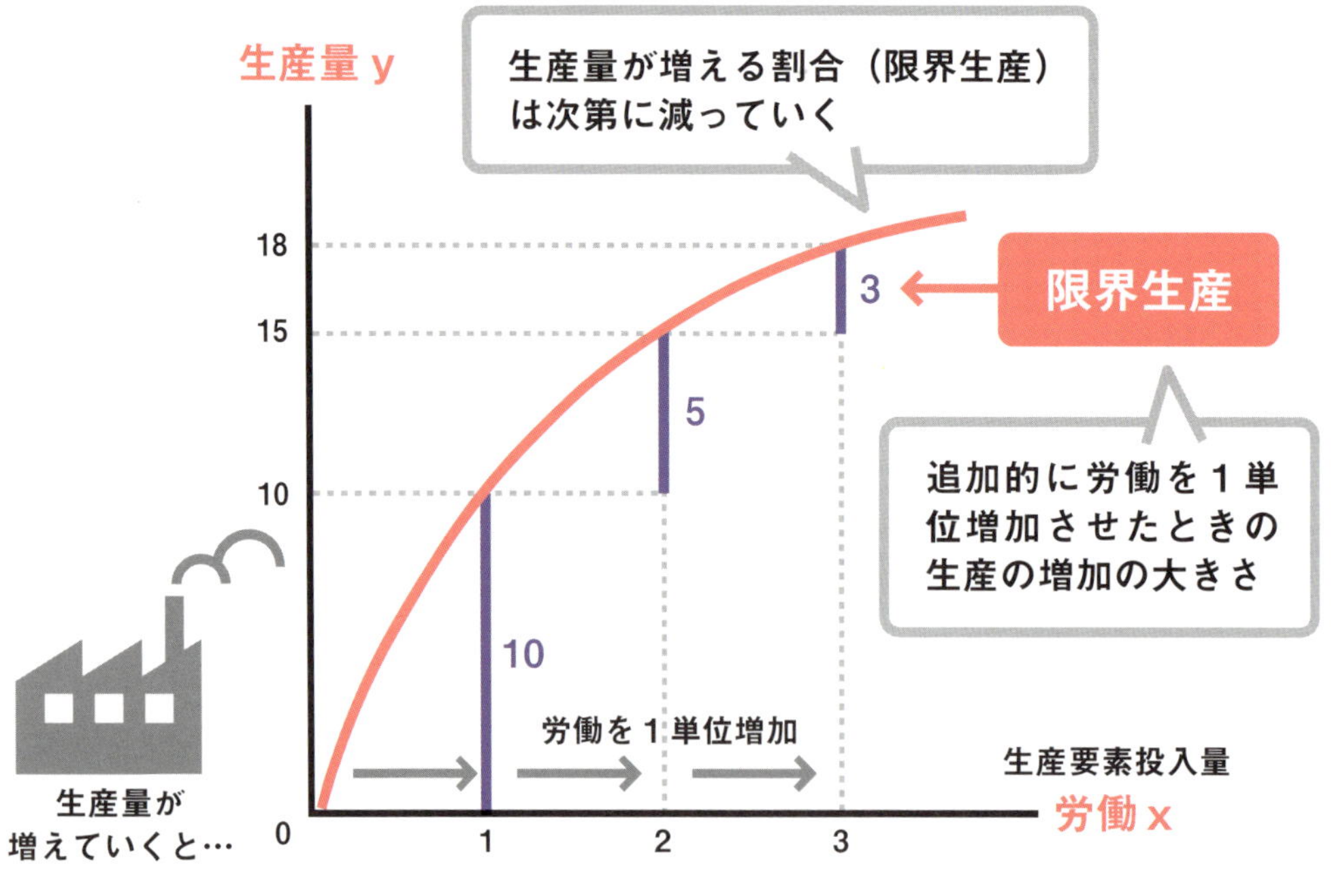

「生産関数」は生産要素の投入と生産量の関係を表す

企業の生産活動を理論的に式におき換えようとするときに重要な概念が、生産関数です。

生産関数とは、**生産要素（労働や資本など）と生産物との技術的な関係を表したもの**のこと。

利潤を最大化するには、費用を最小化するのが前提です。したがって、企業ではある一定の効率的な経営が行われ、生産要素と生産水準との間に安定的な技術的関係（＝生産工程）が導き出されていると仮定します。

生産量の増加は次第に減るという限界生産逓減の法則

上の図は労働（x）という生産要素を投入して、生産物をつくるときの数値例です。ある生産要素の投入量が増えると、生産量（y）

も増加します。

しかし、あるひとつの生産要素のみを投入しつづけていくと、生産の増加の大きさ（＝限界生産）は次第に低下していき、増加の大きさである曲線の傾き（＝限界生産）も逓減します。これを**限界生産逓減の法則**といいます。

生産量は市場で販売され、販売収入や利潤の大きさのもとになる数字です。これが変化すれば、企業の行動にも大きな影響を与えます。ですから、限界生産がどの程度の大きさで逓減するかは、企業の費用最小化、利潤最大化という最適行動を分析する上で不可欠な情報なのです。

2つ以上の生産要素（労働と資本）を投入して生産している場合は、複数の生産要素の投入量と生産量との組み合わせで生産関数が得られます（下図参照）。

COLUMN

資本市場の均衡条件

生産要素の資本はレンタルしていると考える

ミクロ経済学では、企業が生産に投入するすべての資本（k）を、レンタルしている（借りている）と考えます。その価格は利子率 (r) です。
レンタル市場での需給均衡条件は、
$r=pF_k$ となります。
r（利子率）は資本を生産に投入する限界コストであり、F_k は資本の限界生産です。資本の限界生産価値は pF_k で与えられます。資本需要は利子率が上昇すると、減少します。また、資本供給は利子率が上昇すると増加します。資本市場の均衡は、資本の需要曲線と供給曲線の２つの曲線の交点です。

２つの生産要素を投入したときは？

生産関数の数値例

資本の投入（列）／労働の投入（行）

	1	2	3	4
1	10	15	18	20
2	15	20	24	27
3	18	24	29	23
4	20	27	33	36

資本の投入量を固定し、労働のみ増加させて描くと前ページの図に

生産関数の立体図

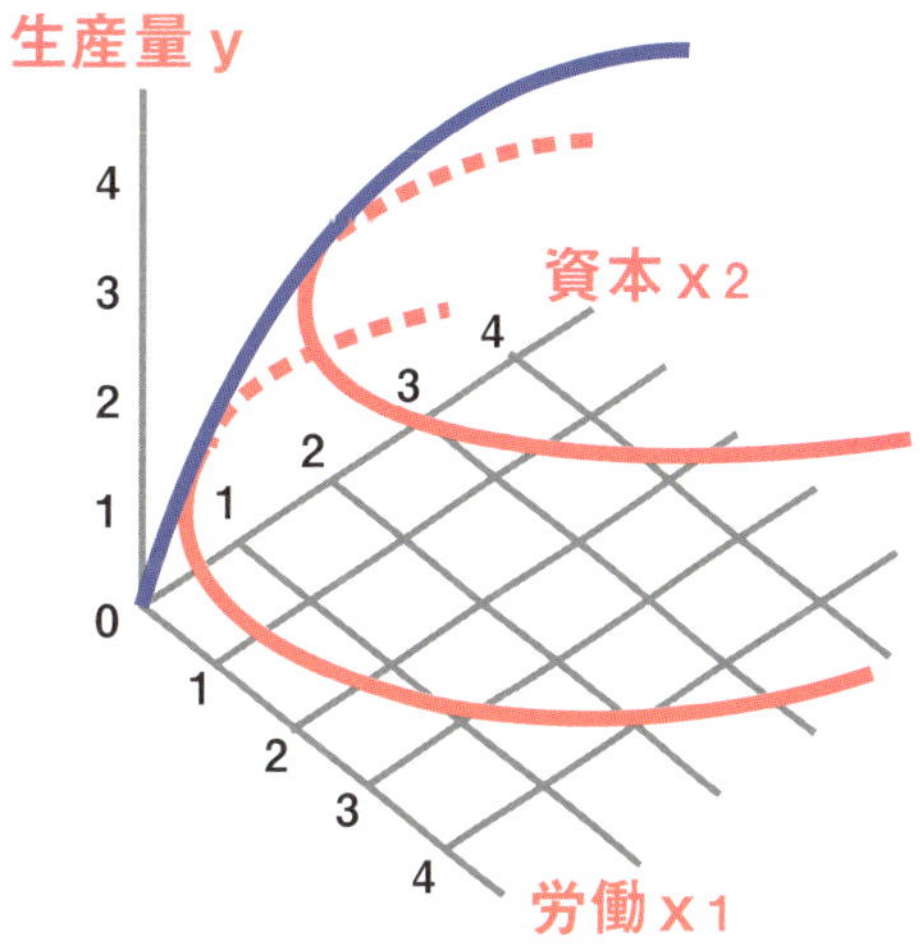

資本と労働を水面図、生産量を垂直面にとった立体図になる

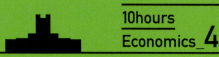

LECTURE 14

費用曲線

POINT　利潤最大化のため、企業は最小のコストで効率的に生産を行おうとする。その際の生産量と費用の関係を示すのが総費用曲線である。

総費用曲線と限界費用

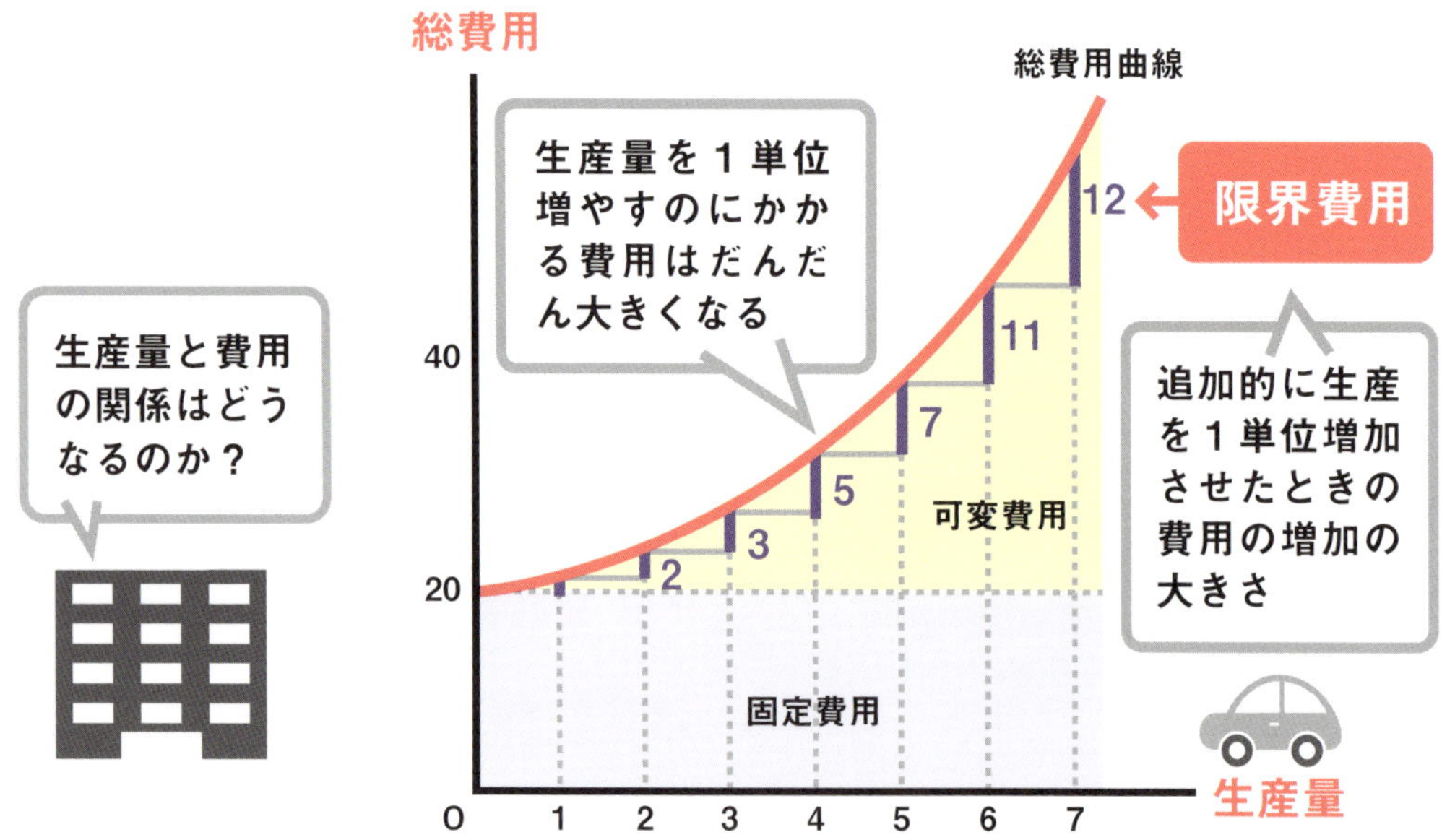

最小のコストと生産量との関係を示すのが総費用曲線

利潤（儲け）は、収入から費用を差し引いた金額で定義されます。したがって、企業は利潤を最大化するために、効率的な生産を行い、生産にかかる費用を最小にする必要があります。

　こうした行動を前提とすると、生産量と最小化された費用との間には、ある一定の関係があることがわかります。この関係を示すのが、上図の**総費用曲線**（費用曲線）です。

生産量が増えると費用の増加スピードが大きくなっていく

生産量が増加すると、生産のために要する（最小化された）総費用も増加します。

　ですから、総費用曲線は右上がりになります。しかも、その傾き

PART_0 経済学とは何か
PART_1 ミクロ経済学
PART_2 マクロ経済学

は次第に大きくなります。

生産量が小さいうちは、追加的な生産に必要な費用はそれほど大きくありませんが、生産量が拡大するにつれて、要する費用も大きくなるからです。

生産物を1単位追加的に生産する際に要する追加的な費用を限界費用といい、**総費用曲線の傾きが限界費用になります。**

限界生産が逓減すると、限界費用曲線は右上がりになります。

たとえば、労働者の働く時間が長時間になると、労働者の生産性（＝**限界生産**）は次第に下がっていきます。さらに1単位生産量を拡大するには、労働時間をより多く投入させなければなりません。

しかし、1時間当たりの賃金は一定ですから、労働時間が増える分だけ総支払額は増加し、費用はより増大するわけです。

CHECK
平均費用

総費用を生産量で割ったものであり、単位費用を示す

算式

$$\frac{総費用}{生産量}\left[=\frac{固定費用}{生産量}+\frac{可変費用}{生産量}\right]$$

解説

総費用とは固定費用と可変費用を足した金額のことです。可変費用とは、生産量が増えるにつれて増加する費用（たとえば賃金）、固定費用とは、生産量と関係なく発生する費用（たとえば資本設備）をいいます。平均費用のうち、固定費用の割合は生産量が多くなれば減少し、可変費用は増加します。両方の相対的な大きさで、平均費用が生産量とともに増加するか否かが決まります。

生産量と費用の数値例を見てみよう

生産量と総費用をグラフにしたのが前ページ図

生産量	1	2	3	4	5	6	7
総費用	20	22	25	30	37	48	60
限界費用	2	3	5	7	11	12	
平均費用	20	11	8.3	7.5	7.4	8	

限界費用 ＜ 平均費用

追加的な生産の拡大により平均費用を減らすことが可能

限界費用 ＞ 平均費用

追加的な生産の拡大により平均費用が増加してしまう

LECTURE 15

利潤の最大化

POINT 企業の利潤最大化点は、売上額と総費用曲線を描くと、限界収入（価格）と限界費用（総費用曲線の傾き）が一致する点になる。

利潤最大化点はどこになる？

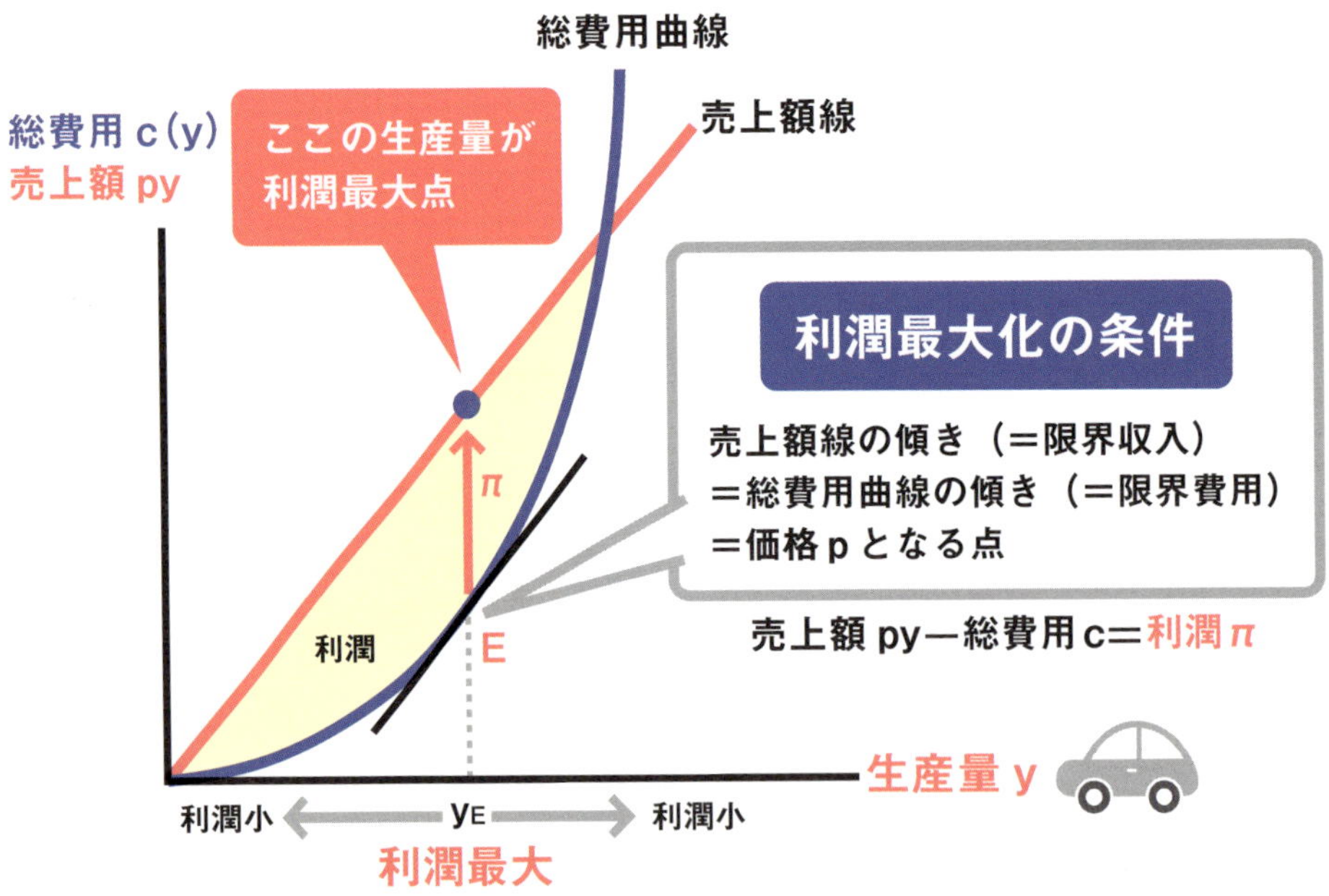

利潤最大化点は売上額線と総費用曲線でわかる

利潤は売上から生産費を引いた残りでしたね。どうすれば最大にできるかを考えてみましょう。

たとえば、ある財の生産量をy、その市場価格をpとします。このとき、売上額（＝販売収入）は生産量×市場価格、つまりpyとなります。ここでは市場価格pのもとで、つくった分だけ市場で売れると想定します。すると、売上額pyは、生産量yに単純に比例して増加します。

上の図は、売上額pyと総費用関数c（y）をそれぞれ示しています。売上額線の傾きは、価格pです。総費用曲線の傾きは、限界費用が増えるにつれて、大きくなっていきます。

利潤πは、売上額と総費用曲線との垂直距離の差に相当します。利潤πは生産量が小さいときには増加しますが、生産量が大きくなると減少に転じます。利潤が最大になる生産水準 y_E が企業の最適点です。

ですから、企業は生産量 $y = y_E$ を選択することになります。

限界収入と限界費用の一致点が企業の利潤最大化点となる

利潤が最大となる点では、売上額線の傾き（＝価格p＝限界収入）**と総費用曲線の傾き**（＝限界費用）**が等しくなります。**

つまりは、限界収入と限界費用が一致している点では、これ以上生産を拡大することも縮小することも、企業の利益にはつながりません。

したがって、ここが、企業の利潤最大点となるのです。これが企業の利潤最大条件です。

PICK UP もっと知りたい経済学

損益分岐点で採算ラインを、操業停止点で生産停止ラインを知ることができる

「損益分岐点」は、企業の採算ラインを判断するときの指標としてよく使われます。これは固定費用を含めた総費用で見て、総利潤がゼロになる点のこと。損益分岐点では、平均費用は最低水準となっています。「操業停止点」は、固定費用を含まない可変費用のみで利潤がゼロになる点です。操業停止点では、平均可変費用は最低水準となっています。価格が低下するなどで利潤が減り、固定費用分の損失が生まれる状況に対応しています。企業が生産を継続するか停止するかを決める際の分岐点です。

限界費用と限界収入の関係

生産量yを1単位拡大させたときの販売収入の増加分。完全競争の市場では、価格pと同額になる

限界収入 ＝ 限界費用 → 最大利潤

限界収入 ＞ 限界費用 → 生産拡大へ
追加的に生産量を拡大させると利潤は増大

限界収入 ＜ 限界費用 → 生産縮小へ
追加的に生産量を拡大させると利潤は減少

LECTURE 16

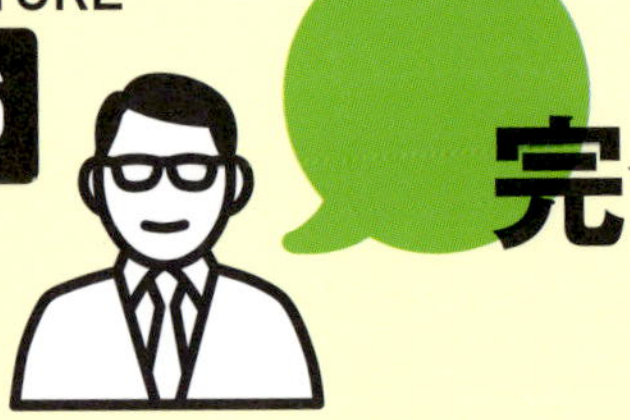

完全競争

POINT 完全競争市場は、市場メカニズムを分析するときの基本的な市場概念である。家計や企業はプライス・テーカー（価格与件者）として行動する。

完全競争市場の４つの条件

1 財の同質性
作り手が違っても質に違いが出ない財を売買する

2 情報の完全性
情報が不完全だとさまざまな市場の失敗が起きるため

3 多数の経済主体の存在
独占でもなく少数企業による寡占状態でもない

4 参入の自由
市場への参入に障壁がない

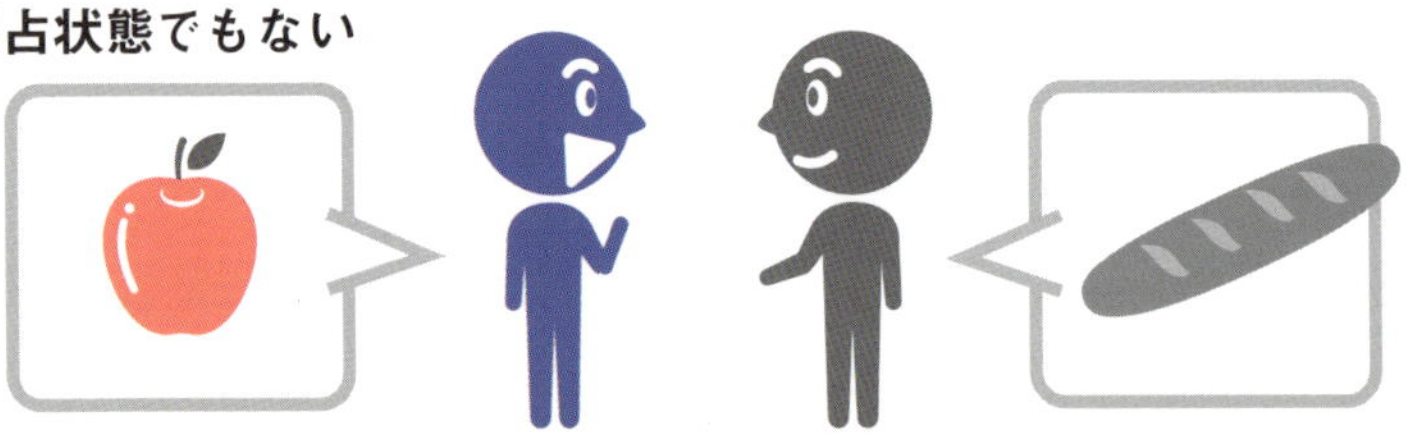

市場とは財・サービスの売り手と買い手が出会い、価格を仲立ちに売買が行われる場所

完全競争市場ではプライス・テーカーが行動する

各経済主体（家計、企業など）が、自分の目的を完全に正しく理解し、かつ何らの制約なく自由に意思決定できるとした場合、市場は完全競争市場となります。

完全競争市場では、家計と企業は一定の市場価格のもとで、好きなだけ購入（需要）し、販売（供給）することができます。

売り手も買い手も多数存在してお互いに競争関係にあるため、各経済主体は自分で価格を決定することができません。完全競争市場では、その前提のもとに、各経済主体が最適な計画を立てているとします。

このように市場価格を一定と受け取っている経済主体を**プライス・テーカー（価格与件者）**と呼びます。完全競争市場では、すべての経済主体がプライス・テーカーとして行動します。

PICK UP
もっと知りたい経済学

完全競争市場の家計・企業は供給曲線と需要曲線が「水平」だと感じる

完全競争市場では市場価格がコントロールできません。そのため、個別の家計がプライス・テーカーとして感じる供給曲線は市場価格で水平になります。個別の企業は、需要曲線が水平だと感じています。

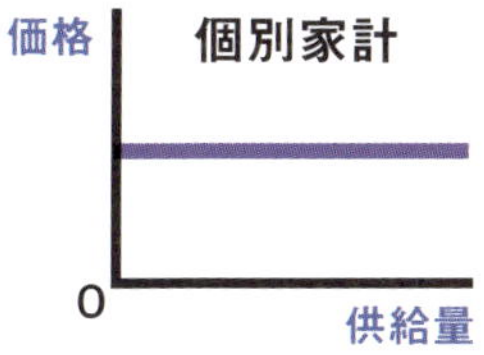

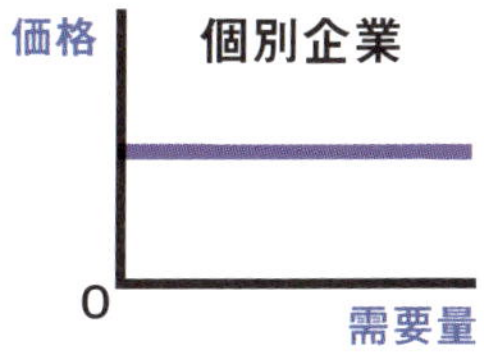

需要と供給が一致したところが市場均衡点になる

市場は、財・サービスの売り手（供給者）と買い手（需要者）が出会い、価格を仲立ちにして売買が行われる場所です。

完全競争市場は、市場メカニズムを分析する際の基本的な市場概念です。

下図は縦軸が財の価格p、横軸が財の生産量と需要量yを表しています。**市場均衡点**は需要曲線y_dと供給曲線y_sの交点Eとなります。

消費者は市場価格p_Eのもとで、最も望ましい需要量y_Eを購入し、企業も最も望ましい生産量y_Eを生産しています。E点ではすべての人々の主体的均衡が満足されています。

完全競争市場での市場均衡点

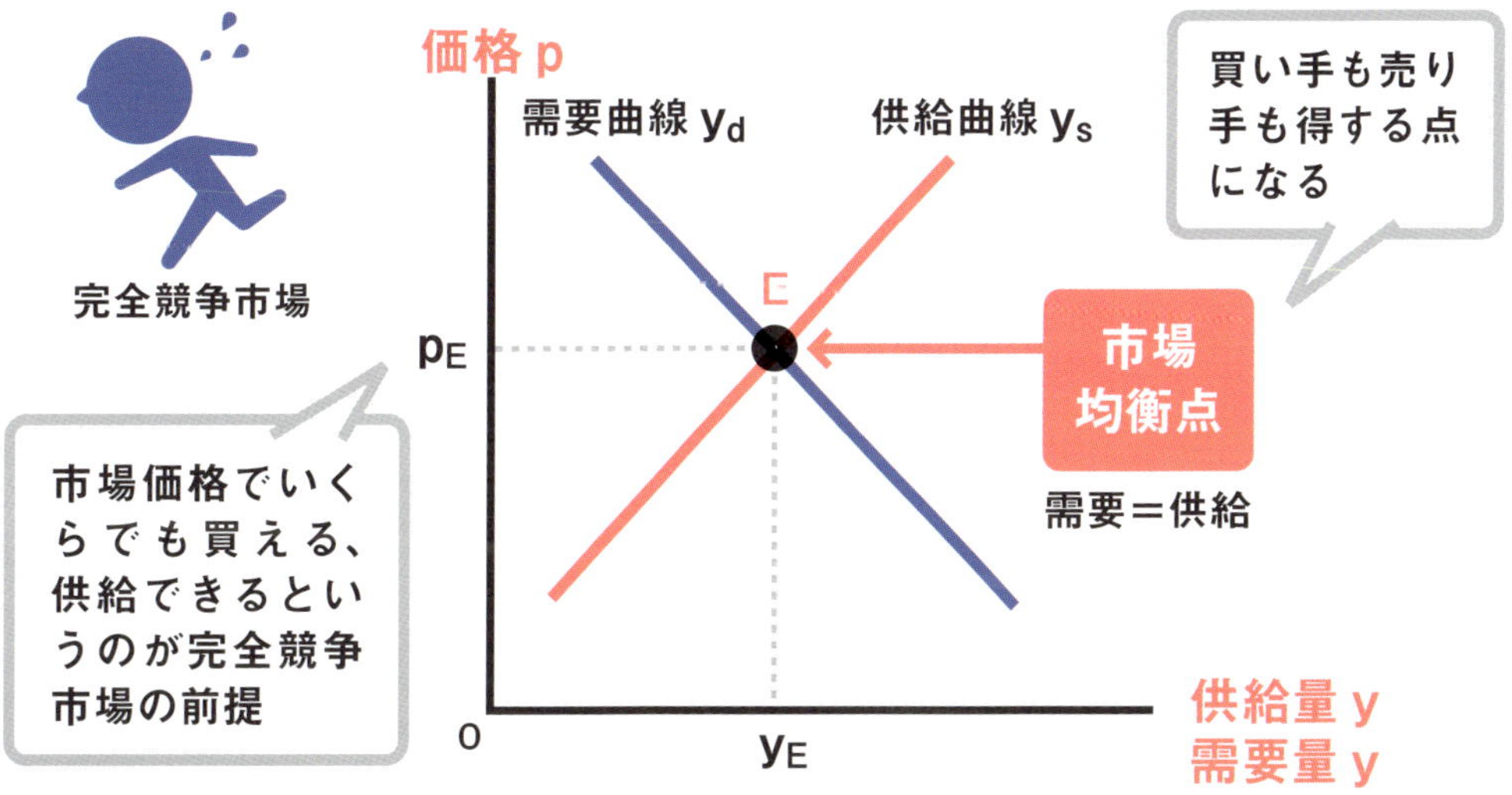

市場均衡点は消費者の効用が最大になる需要量と企業の利潤が最大になる供給量の一致点

LECTURE 17

競り人

POINT 競り人は超過需要の場合は価格を引き上げ、超過供給のときは価格を引き下げることで需給を一致させ、均衡価格を実現する。

競り人による価格調整（需要が多いとき）

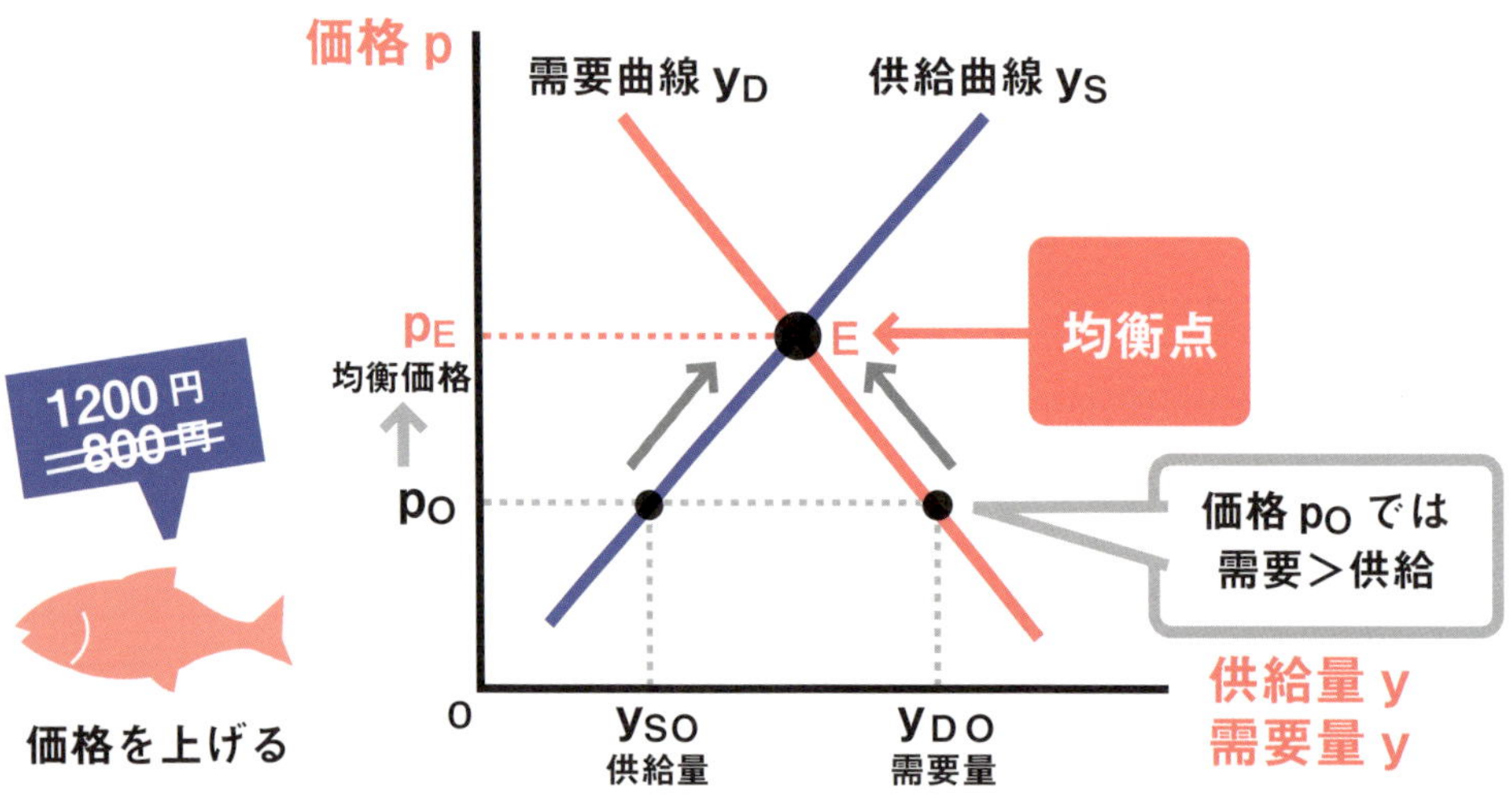

需要量と供給量が一致するよう、市場は競り人のように価格を調整する

価格調整メカニズムは競り人をイメージするとわかる

市場の価格調整メカニズムは、魚や骨董市場などで売買を仲介する**競り人（オークショナー）**を思い浮かべるとイメージしやすいでしょう。

まず、競り人は、家計や企業に市場価格を提示します。家計や企業は、その価格を与えられたものとして受け取り、それぞれに最適な購入量（需要量）、生産量（供給量）を決め、その量を競り人に報告します。

次に、競り人は、すべての家計の需要量を合計して総需要量を算出し、さらに、すべての企業の供給量を合計して総供給量を算出します。

ここで総需要量と総供給量がピタリと一致すれば、その価格が均衡価格であり、家計と企業との間で財の取引が行われることになります。

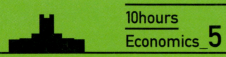

PART_0 経済学とは何か
PART_1 ミクロ経済学
PART_2 マクロ経済学

PICK UP
もっと知りたい経済学

「均衡が安定である」ときの価格調整メカニズム、ワルラス的調整過程

調整メカニズムが安定的なのは、均衡価格以上の価格のもとで超過供給が存在し、逆に均衡価格以下の価格のもとで超過需要が存在するからです。

超過需要のときに価格が上昇し、超過供給のときに価格が低下する調整メカニズムは、「ワルラス的調整過程」と呼ばれます。これは、完全競争市場の一般均衡では、需要と供給の不一致が価格の調整で円滑に行われることを表しています。ワルラスは、19世紀後半に、一般均衡理論に大きな業績をあげた経済学者です。

「超過需要なら価格を上げ、超過供給なら価格を下げる」

総需要量と総供給量とが一致しなければ、競り人は提示価格を上げたり下げたりして、一致するまで競りを続行します。

総需要量が総供給量よりも多い超過需要の場合は価格を上げ、総需要量が総供給量よりも少ない超過供給の場合は価格を下げることで、**最終的に需給が一致して均衡価格が実現します。**

需要曲線が右下がり、供給曲線が右上がりの標準的なケースでは、こうした調整によって必ず均衡価格を実現できます。このように価格調整メカニズムの結果として均衡価格が実現することを「**均衡が安定である**」といいます。

競り人による価格調整（供給が多いとき）

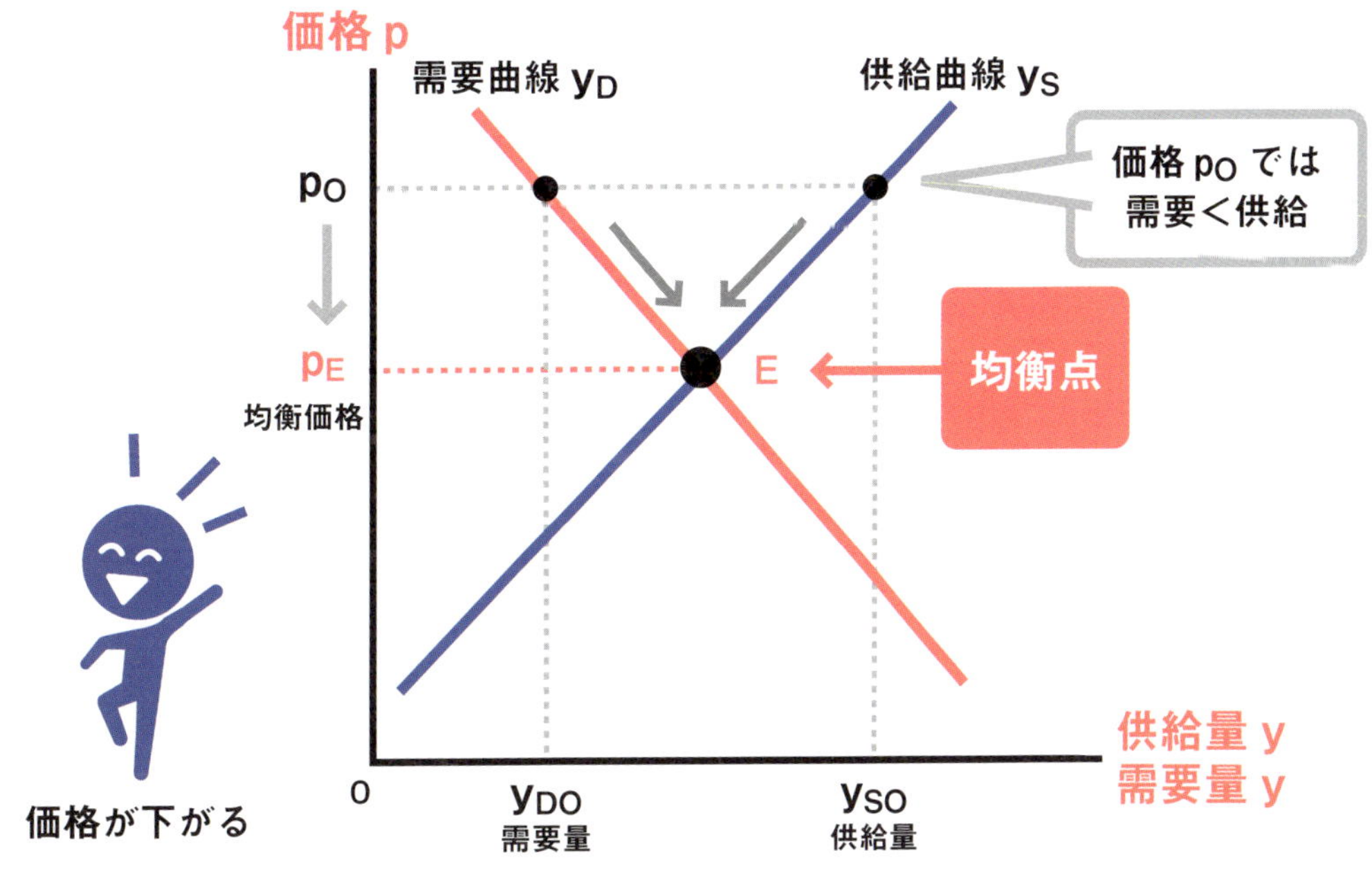

LECTURE 18

市場取引の利益

POINT 完全競争市場では、企業の利益は生産者余剰（利潤）であり、家計の利益は消費者余剰（効用の増加分）になる。

生産者余剰とは

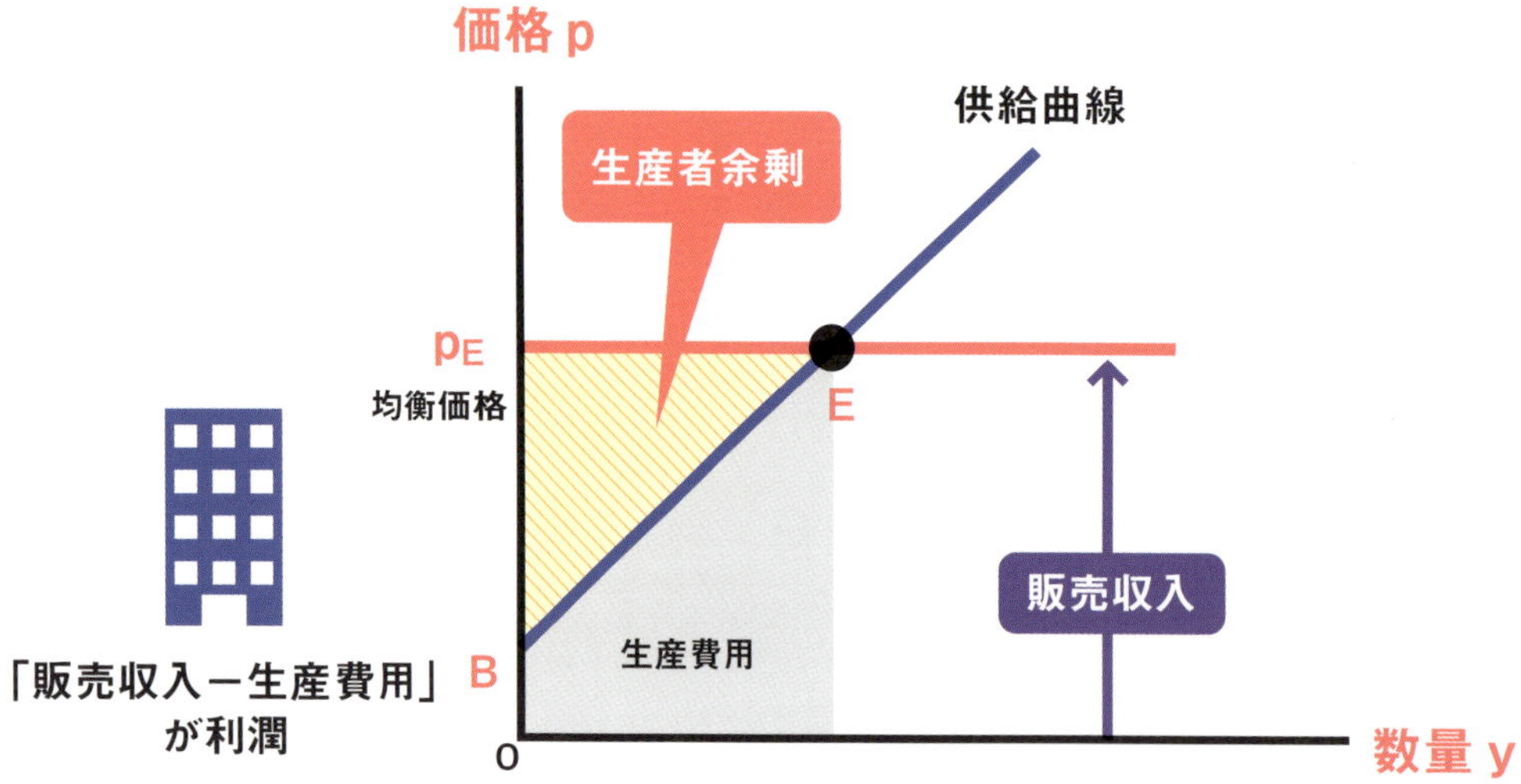

価格と供給曲線の間の面積が生産者余剰＝企業の利潤になる

企業の利益とは市場取引で得られる生産者余剰のこと

完全競争市場では、家計は満足度＝効用水準を高めるべく、市場価格でその財を購入します。企業も利潤を得るために、市場価格でその財を販売します。家計と企業は市場で取引することで、互いに利益を上げています。

企業の利益は、利潤です。固定費用がないとき、利潤は「販売収入－生産費用」になります。

上図では価格と供給曲線との間の三角形の面積 $p_E EB$ が企業の利潤の大きさであり、この財を市場で販売することによる利益（＝**生産者余剰**）を示します。

家計の利益とは市場取引で得られる消費者余剰のこと

家計の利益は、消費による効用（満足度）の増加です。家計にと

COLUMN

アダム・スミスの見えざる手

価格の資源配分機能によって社会的余剰を実現する

市場取引によって社会全体にもたらされる総余剰（＝社会的厚生の増加）は、生産者余剰と消費者余剰の合計になります。完全競争経済では、社会的に必要とされる財・サービスの生産が十分に行われるように価格調整がはかられます。個人レベルでは私的な利益を追求していても、それが価格というシグナルの調整を通じて、資源の効率的な配分をもたらし、社会的にも望ましい状態が達成されます。つまり、結果として、社会的に最適な資源配分が実現するのです。これが、アダム・スミスの「見えざる手」の言葉で有名となった価格の資源配分機能です。

っての主体的な均衡条件は、価格と限界メリット（家計にとってその財を消費する限界的な便益）が一致することです。

下図を見てください。ある財をy_1まで購入しているとき、追加的にもう1単位購入する限界的な便益の大きさは、需要曲線の高さ＝y_1Fになります。

したがって、この財をE点まで消費することから得られる家計の評価の総額は、AEy_E0の大きさです（下図の右上図参照）。

一方、y_Eまでの購入に必要な支出（購入金額）は、四角形Ey_E0P_Eですから、支出との差額の三角形AEP_Eは、家計がy_Eまで購入することで得られる正味（ネット）の利益を示します。

これが効用の増加分を金銭表示した大きさであり、**消費者余剰**と呼ばれます。

消費者余剰とは

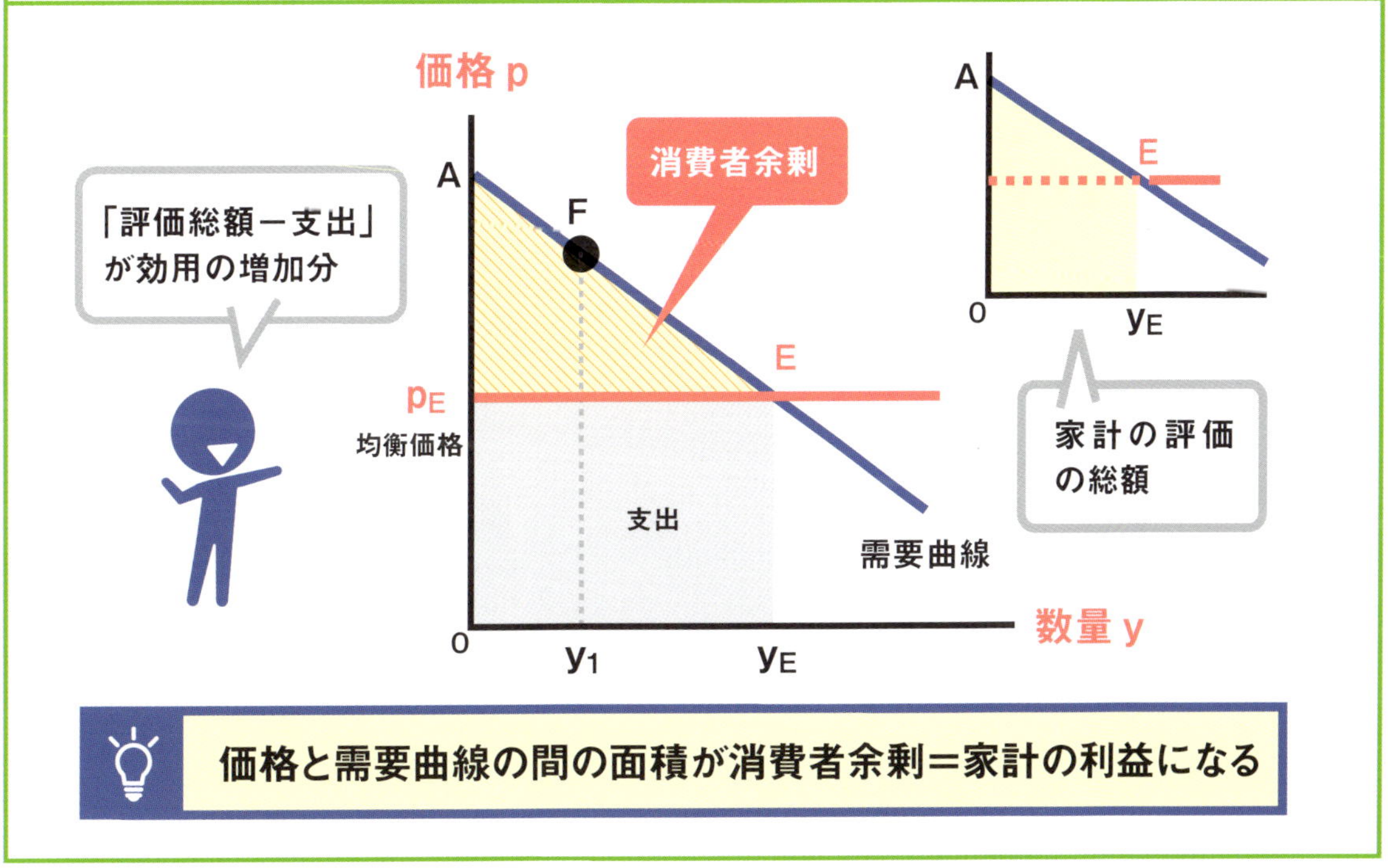

価格と需要曲線の間の面積が消費者余剰＝家計の利益になる

LECTURE 19

ゲーム理論

POINT 寡占市場では、企業はどのような行動を取るのか。これを解明するときに役に立つのが、「ゲーム理論」という戦略的意思決定理論である。

寡占市場とゲーム理論の関係

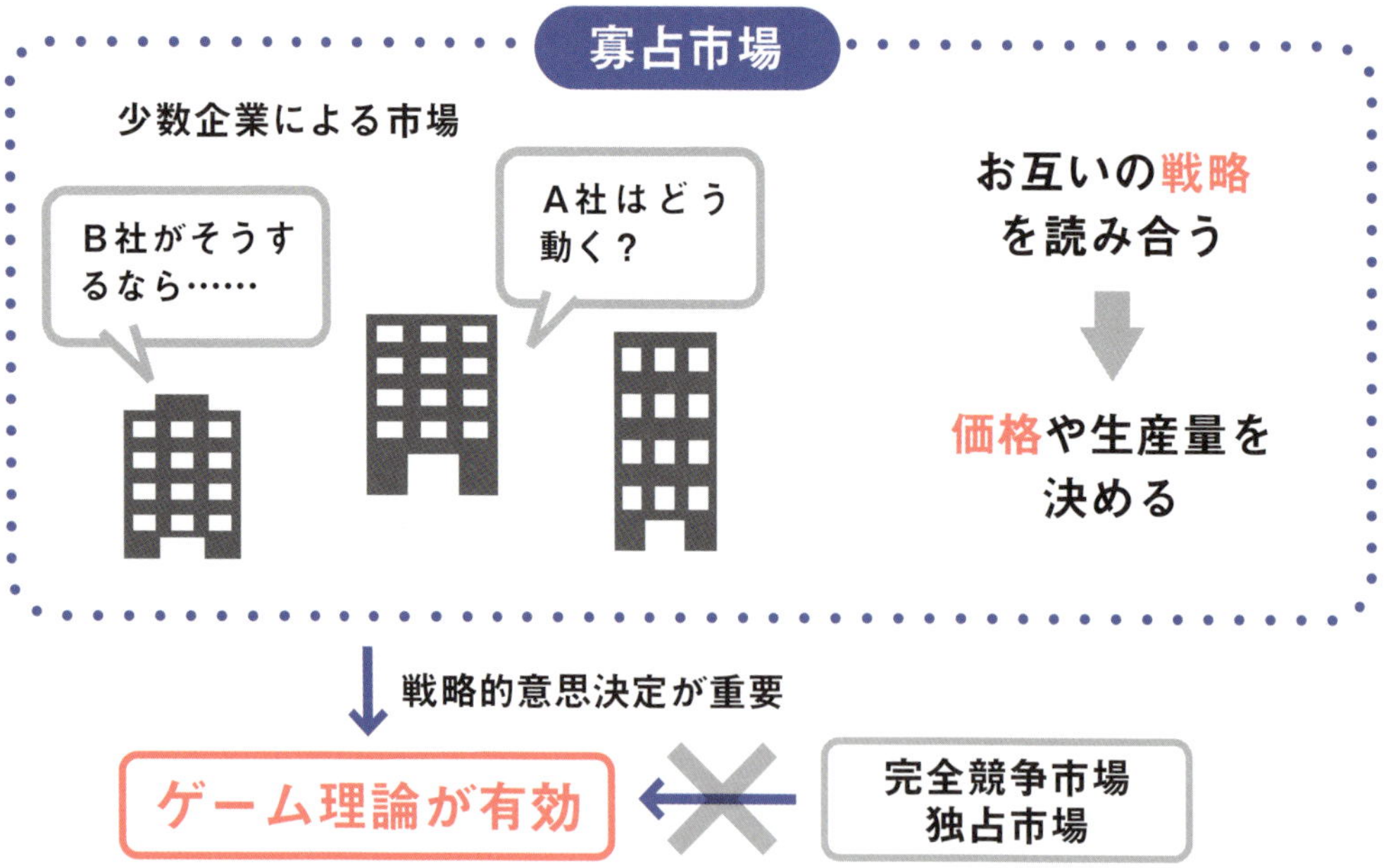
寡占市場
少数企業による市場
B社がそうするなら……
A社はどう動く？
お互いの戦略を読み合う
価格や生産量を決める
戦略的意思決定が重要
ゲーム理論が有効
完全競争市場
独占市場

寡占市場における企業の行動をゲーム理論で解明

ゲーム理論は、ミクロ経済学を中心として、経済現象を解明するための有益な分析ツールとして用いられています。

基本的な考え方は、ある主体が意思決定をする際に、他の主体がどのように行動するかを予想して、自分にとって最も有利となる（最適な）行動を決定するというものです。

たとえば、囲碁や将棋、チェスなどのゲームでは、先手と後手が互いに相手の次の手を読みあいながら、自分の最高の一手を選択しますね。その様子とよく似ていることから、ゲーム理論と呼ばれています。

ゲーム理論の特徴は、その戦略的な思考です。寡占市場では、複数の少数企業がお互いに相手の戦略を読んで、自企業の価格や生産量を決めています。

COLUMN

独占企業の行動

独占市場では価格を自由に決めることができる

完全競争市場と正反対の市場が、独占市場です。独占とは、ある財を供給している企業がひとつしかない状態です。したがって、独占企業は自らの利潤が最大になるよう、価格と生産量を決定することができます。完全競争企業がプライス・テーカー（価格与件者）であるのに対し、独占企業は価格支配力を持つ「プライス・メーカー」（価格設定者）です。
独占利潤の大きさを示す指標に、独占度（マージン率）があります。独占度は、費用と比較して価格がどれだけ上乗せされているかを示したもの。独占企業の独占度がどの程度強力なのかも示します。

このように、経済主体間の意思決定が相互に影響しあう環境では、戦略的な思考（ゲーム理論）が重要になります。

プレーヤー同士の戦略が最適な状態が「ナッシュ均衡」

ゲーム理論では「プレーヤー」と呼ばれる意思決定の主体が登場します。各プレーヤーが選択できる手段が「戦略」です。そして、各プレーヤーがそれぞれ特定の戦略を選択した結果として手にすることのできる利得を「**ペイ・オフ**」と呼びます。

お互いに相手の戦略を与件としたとき、お互いの戦略が最適になっている均衡が「**ナッシュ均衡**」であり、ゲーム理論の基本的な均衡概念となります。

ゲームの解、「ナッシュ均衡」とは？

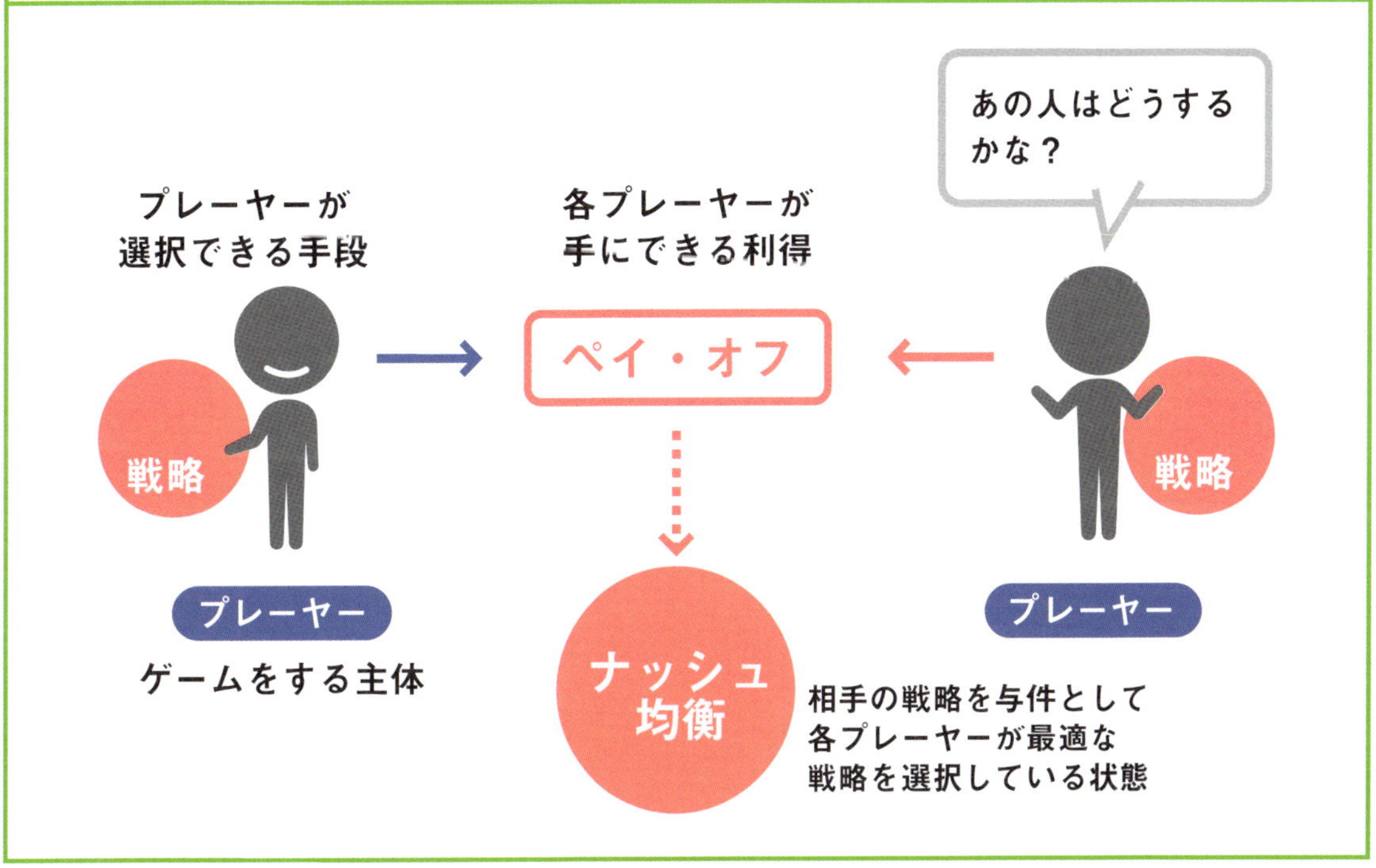

LECTURE
20

囚人のディレンマ

POINT 協力しあって利益を得るより、自分の利益だけを考えて非協力を選択。その結果、低い利益しか得られないというのが囚人のディレンマ。

囚人のディレンマ

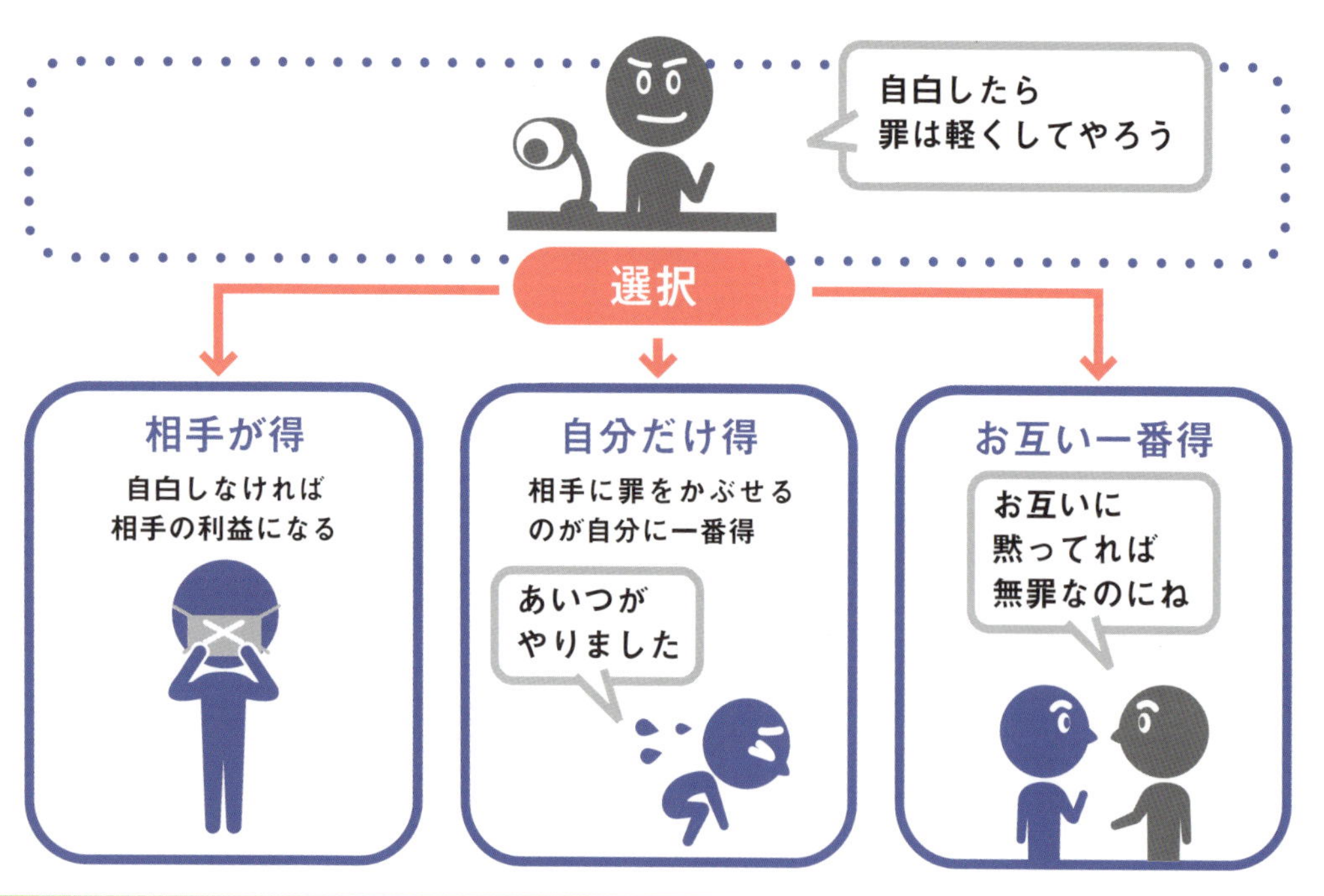

お互いが裏切りあって損をするのが囚人のディレンマ

ゲーム理論で有名な話に、囚人のディレンマがあります。ディレンマとは、板挟み状態のこと。これは寡占企業の行動を考える上でヒントとなる理論です。

囚人のディレンマとは、お互いが協力しあえば双方が利益になるにもかかわらず、お互いが損することを恐れて裏切りあい、**結果として双方が損をする**（一番高い利益が得られない）という状況を説明したものです。

たとえば2人の囚人が取り調べを受けているとします。このとき、自分が自白しなければ、相手の囚人の利益になります。お互いに自白しないと、双方に利益があります。しかし、相手に罪をきせれば、もっと大きな利益が期待できます。一番都合がよいのは、自分だけが自白して相手が自白しないケースです。

PICK UP
もっと知りたい経済学

繰り返しゲームでは協力しあえるという「フォーク定理」

囚人のディレンマには、ゲームが１回限りであるという前提があります。しかし、ゲームが無限に続くときは「相手が非協力なら、次回以降は非協力を選択する」という戦略を取ることができます。これは罰の戦略（＝トリガー戦略）と呼ばれます。相手を裏切ると、１回は大きな利得があっても、その後は永遠に低い利益しか得られません。その結果、罰の戦略によりお互いに協力し続け、非協力解以上のペイ・オフがナッシュ均衡として実現されます。これがフォーク定理と呼ばれる命題です。

自分の利益のために行動すると、非協力がゲームの解になる

囚人のディレンマのゲームでは、相手が取り得る戦略のそれぞれについて、自分の戦略のペイ・オフ（利益）は「非協力」のほうが「協力」より高くなります。

したがって、プレーヤーが合理的に行動するのであれば、どちらも「非協力」の戦略（＝自白する）を選びます。

その結果、**ゲームの解（ナッシュ均衡）は、「非協力、非協力」**となるのです。

この解は、お互いに「協力」（＝自白しない）した場合より、低いペイ・オフしか与えません。まさに囚人はディレンマに直面しているといえます。

囚人のディレンマのペイ・オフ表

ゲームのルール

神様に「相手のプレーヤーに 3000 円あげる」という願いごとか「自分が 1000 円もらえる」という願いごとのどちらかができる

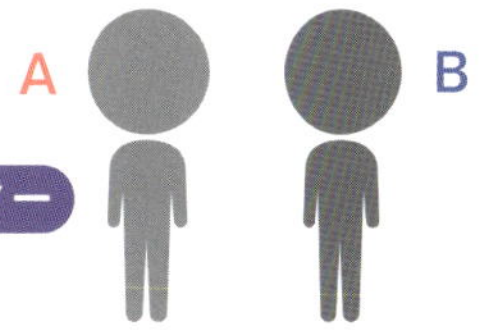

お互い協力すれば 3000 円ずつもらえる➡協力時のペイ・オフ

A協力（3000 円）、B非協力（1000 円）ならBは 4000 円もらえる➡Bは非協力が一番得

A ＼ B	協力	非協力
協力	3000　3000	0　4000
非協力	4000　0	1000　1000

B協力、A非協力ならAは 4000 円もらえる➡Aは非協力が一番得

ナッシュ均衡はお互い非協力に

ペイ・オフは低くなり囚人のディレンマ発生

LECTURE 21

カルテル

POINT　寡占企業はカルテルの形成により多くの利潤を得ることができる。一方で、抜け駆けによる大きな利潤獲得への誘惑にさらされる。

カルテルとは？

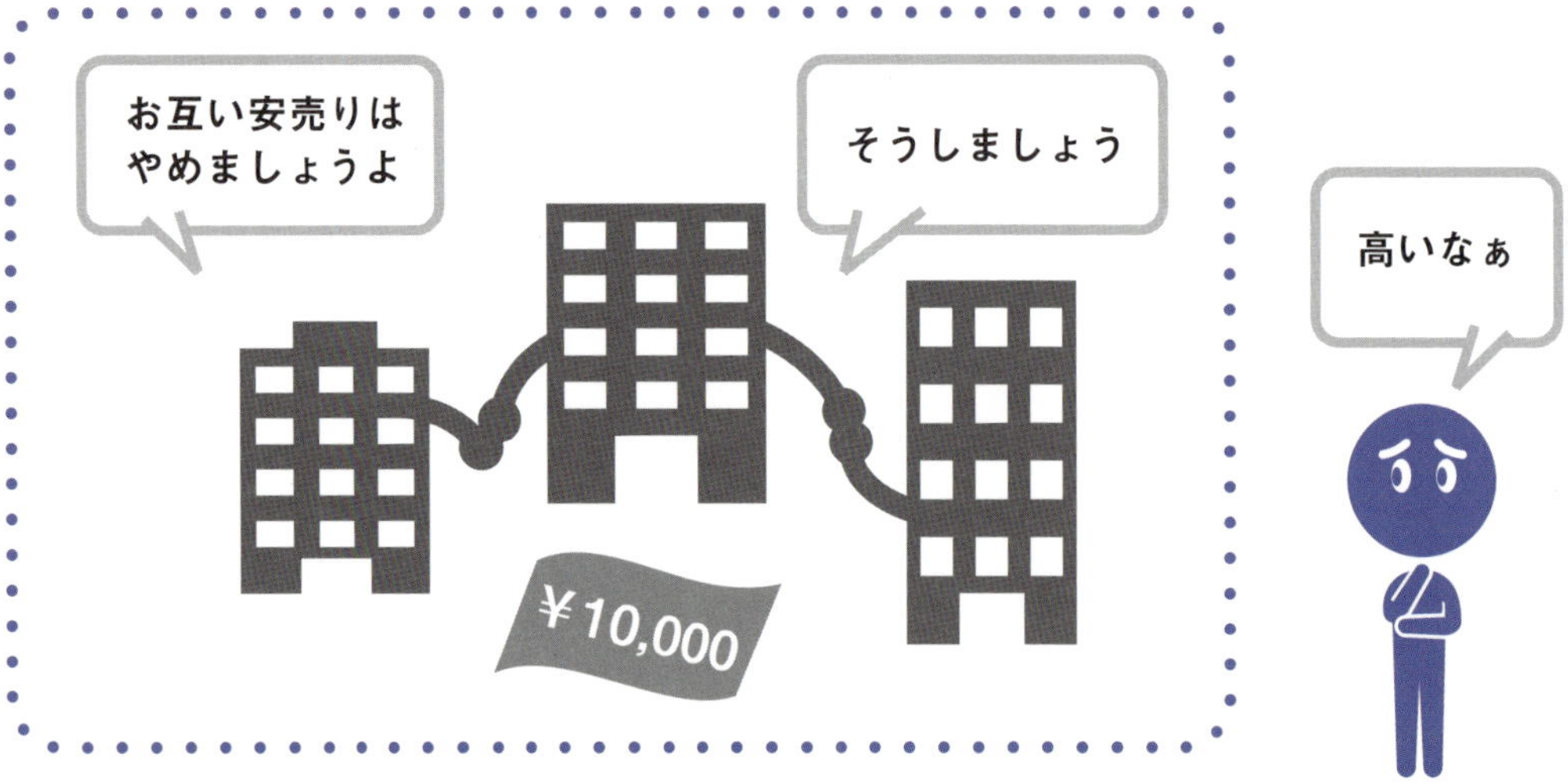
お互い安売りは
やめましょうよ
そうしましょう
高いなぁ
¥10,000

寡占企業は協調して価格を上げたり、生産量を抑制したりすることで、各々が得る利潤を大きくしようとする

寡占企業はカルテルを形成してより大きな利潤を目指す

寡占企業間でよく行われる行為にカルテルがあります。カルテルとは、一言でいえば**寡占企業間の談合**のこと。

寡占企業が生産量や価格水準について合意形成を行えば、すべての企業が単一の独占企業となって行動した場合と同じ独占利潤が得られます。

それを企業間で山分けすれば、バラバラに生産や価格の決定を行うより、各企業にとっての利潤は大きくなります。したがって、寡占企業はカルテルを形成する動機があるのです。

特に、同質財（つくり手が違っても質に違いが出ない財）を生産している寡占企業間では、価格競争が厳しくなると、値下げ合戦となり、お互いに消耗して損をします。そのために、カルテルの誘因が大きく働きます。

PICK UP
もっと知りたい経済学

カルテルが維持される理由は「フォークの定理」を使えば解明できる！

「フォーク定理」が意味するように、無限回の繰り返しゲームの状況なら、均衡としてカルテルが維持できます。罰の戦略を下表の例で見ると、カルテルを抜ける（非協力）より、カルテルを維持（協力）したほうが利得の合計が大きくなることがわかります。

	1	2	3	4	5
非協力	20	5	5	5	5
協力	10	10	10	10	10

カルテル維持へ

カルテルではすべての企業に抜け駆けの誘惑がある

しかし、寡占市場であるからといって、常にカルテルが生じて、それが安定的に維持されるとは限りません。

たとえば、価格を高めに維持するために生産量を抑制しているケースです。このとき、ある企業だけがカルテルを破棄して、めいっぱい生産を拡大したとしましょう。他の企業がカルテルを維持し続けるとすれば、**抜け駆けした企業は、はるかに大きな利潤が得られる**のです。

したがって、カルテルは参加企業に強制力をもたせることが困難です。こうした企業行動がゲーム理論で研究されています。

カルテルにおける囚人のディレンマ

協力 → お互いに協力して生産量を抑制し、価格の上昇を目的とするカルテルを形成する

非協力 → カルテル破りをして、生産量を拡大し、自社の利益のみの確保をはかる

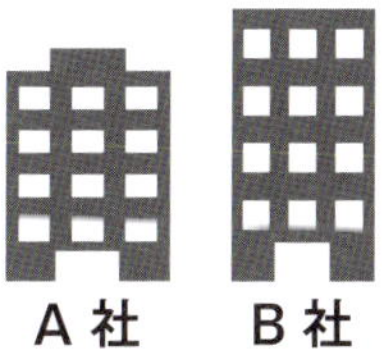

カルテルのゲームのペイ・オフ表（例）

A社 ＼ B社	協力	非協力
協力	10 10	0 20
非協力	20 0	5 5

両社とも自社が「非協力」で、相手が「協力」のときが得

両社とも非協力を選択

カルテル破りがゲームの解に

PART_2で知っておきたい経済用語

ケインズ経済学
需要と供給の差を調整するのは価格ではなく数量であると考える。マクロ経済学の原点

付加価値
生産額（生産量を金額に直したもの）から中間投入額（原材料代等）を差し引いたもの

ＧＤＰ
ある一定期間にある国内で新しく生産された財やサービスの付加価値の合計

財市場
財・サービスを取引する市場のこと。財は経済学の用語であり、人間の欲望を満たす有形のもの。サービスは、人による無形の経済活動（たとえば医療・教育）のことである

貨幣市場
貨幣を取引する市場のこと。供給者は日本銀行、需要者は経済主体（家計・企業・政府）

ＩＳ曲線／ＬＭ曲線
ＩＳ曲線は、財市場の需要と供給が均衡するＧＤＰと利子率の組み合わせを表したもの。ＬＭ曲線は、貨幣市場の需要と供給が均衡するＧＤＰと利子率の組み合わせを表したもの

ＩＳ－ＬＭ分析
ＩＳ曲線とＬＭ曲線の交点、つまり財市場と貨幣市場が均衡したところ（均衡点）で、国民所得と利子率が決定されるという分析

物価指数
あるときの物価を100として、いまの物価がどれだけ高いか低いかを数値化したもの

有効需要の原理
総需要に見合うまで、いくらでも生産（ＧＤＰ）を増やせるという考え方

限界消費性向／限界貯蓄性向
限界消費性向とは、所得が増えたときに、どれだけ消費が増加したかを表す比率。限界貯蓄性向とは、所得が増えたときに、どれだけ貯蓄が増加したかを表す比率

PART_2
マクロ経済学

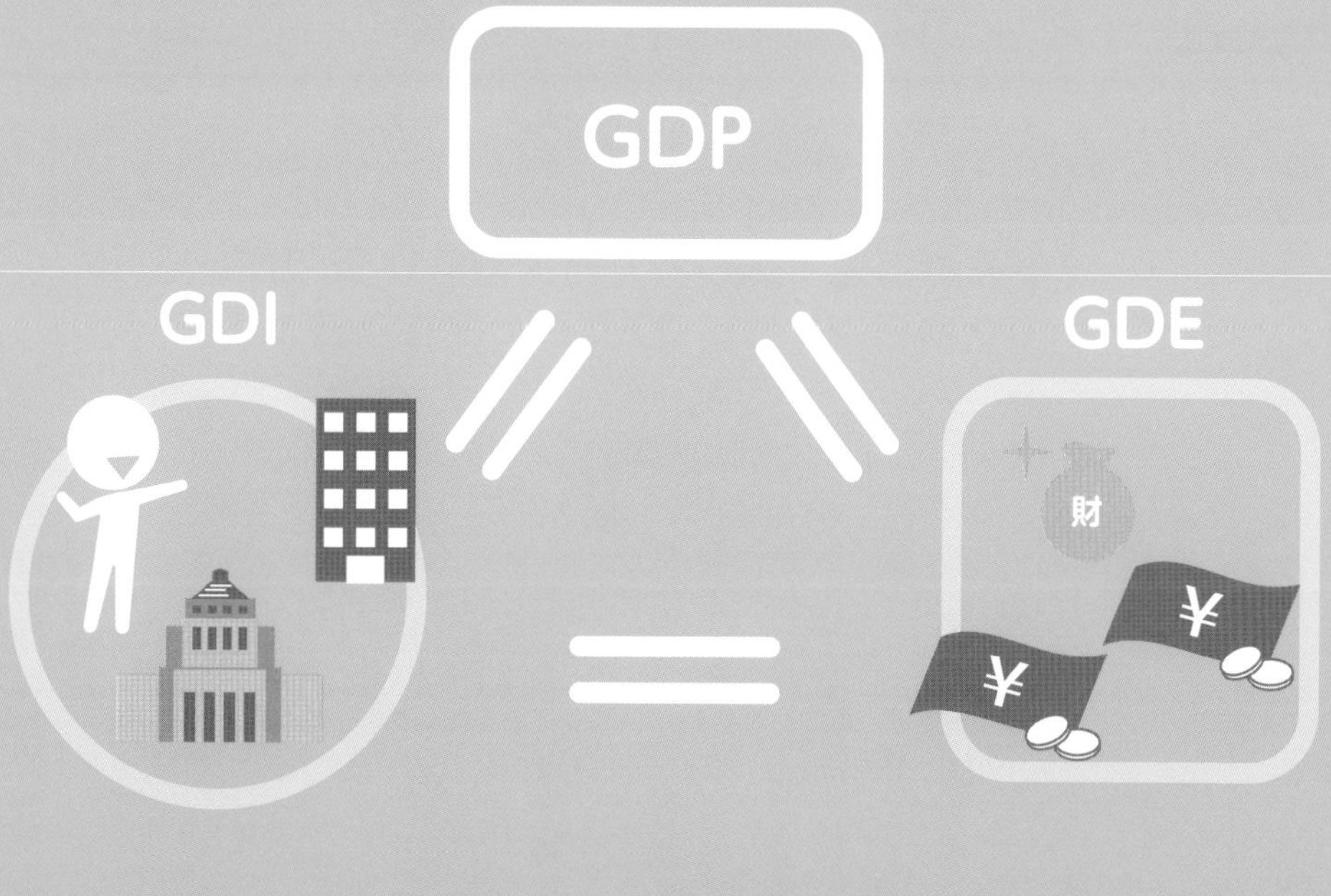

LECTURE 22

マクロ経済活動のとらえ方

POINT マクロ経済学とはＧＤＰ、経済成長、インフレやデフレ、不況と失業など、普段からよく耳にする国民経済全体の動きを分析対象にする学問。

マクロ経済学における所得＝付加価値

生産額 − **中間投入額** ＝ **付加価値**

生産額は生産量を金額に直したもの

たとえば……

10 万円のテレビ
↓
10 台生産
↓
生産額は 100万円！

中間投入額は簡単にいえば原材料代

たとえば……

テレビをつくるのに必要なネジやケーブル
↓
70万円！

100 万円（生産額）− 中間投入額（70 万円）＝ 30 万円

テレビの製造で得られた付加価値は 30 万円
→マクロ経済的には 30 万円の所得を得た！

報酬として各主体に配分される付加価値

マクロ経済活動が行われると、付加価値が生まれます。

付加価値とは**生産額（生産量を金額に直したもの）から中間投入額（原材料代等）を差し引いたもの**。

これがマクロ経済活動による所得にあたります。

付加価値は、固定資本減耗（生産機械の修理代など）と純間接税を除いたあと、労働、資本、土地など各生産要素の所有者に報酬（所得）として配分されます。

各主体は配分された報酬から税などを納め、政府から年金などの給付を受けます。また、各主体間で配当や利子の受取と支払も行われます。

こうして再配分が行われたあとの可処分所得をもとに、各主体は消費財やサービスを購入したり、投資したりします。

PICK UP

もっと知りたい経済学

国の経済を記録するため 国連によって定められた基準 SNA（国民経済統計）

SNAとはSystem of National Accountsの略称です。たとえば、企業が資産と負債の経済的な評価を示す財務諸表をつくる際には、企業会計原則が基準になります。それと同様に、マクロ経済活動を統計的に把握する際、一国経済の会計原則として用いられるものがSNAです。

SNAは国連によって定められています。時代に応じてその内容も変遷し、現在日本は1993年に新たに採択された「93SNA」を用いています。

GDPなどを算出するために用いられるSNA

マクロ経済活動を数字として把握する際に使われるのが、**SNA（国民経済統計）**です。SNAとは、一国のマクロ経済の状態について、生産、消費、投資というフロー面や、資産、負債というストック面を体系的に記録する国際的な基準、モノサシです。

SNAの各制度部門（経済主体にあたる概念）は、非金融法人企業、金融機関、一般政府（国＋地方自治体）、家計、対家計民間非営利団体で構成されています。

推計されたSNAのデータをもとにして、GDPをはじめとしたマクロ経済活動の数字が算出されるのです。

報酬として配分される付加価値

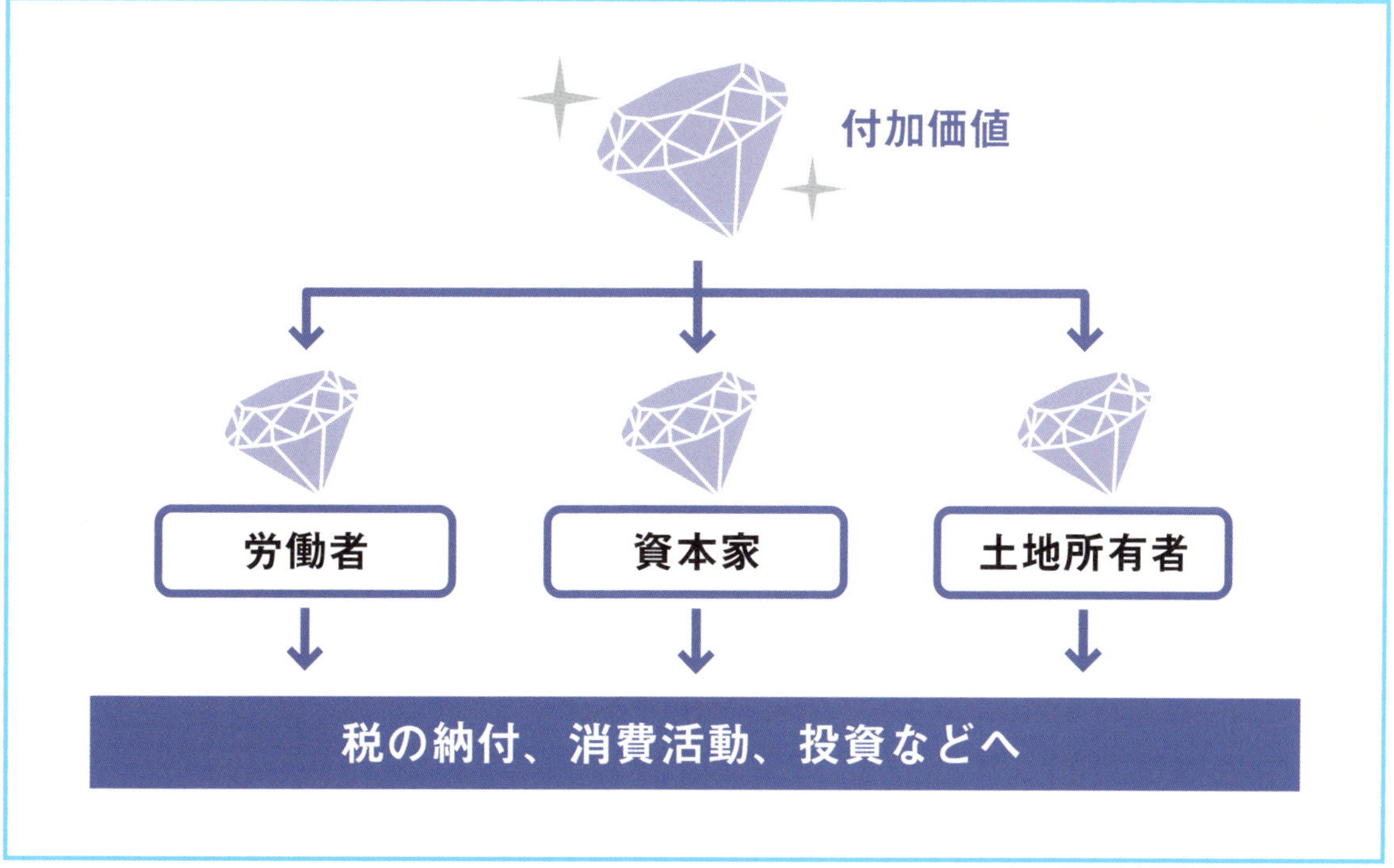

LECTURE 23

GDPとは何か

POINT GDP（国内総生産、Gross Domestic Product）はある国の一定期間（たとえば1年間）の経済活動の大きさを測る指標。

４億円売り上げたハンバーガーの付加価値は４億円ではない!?

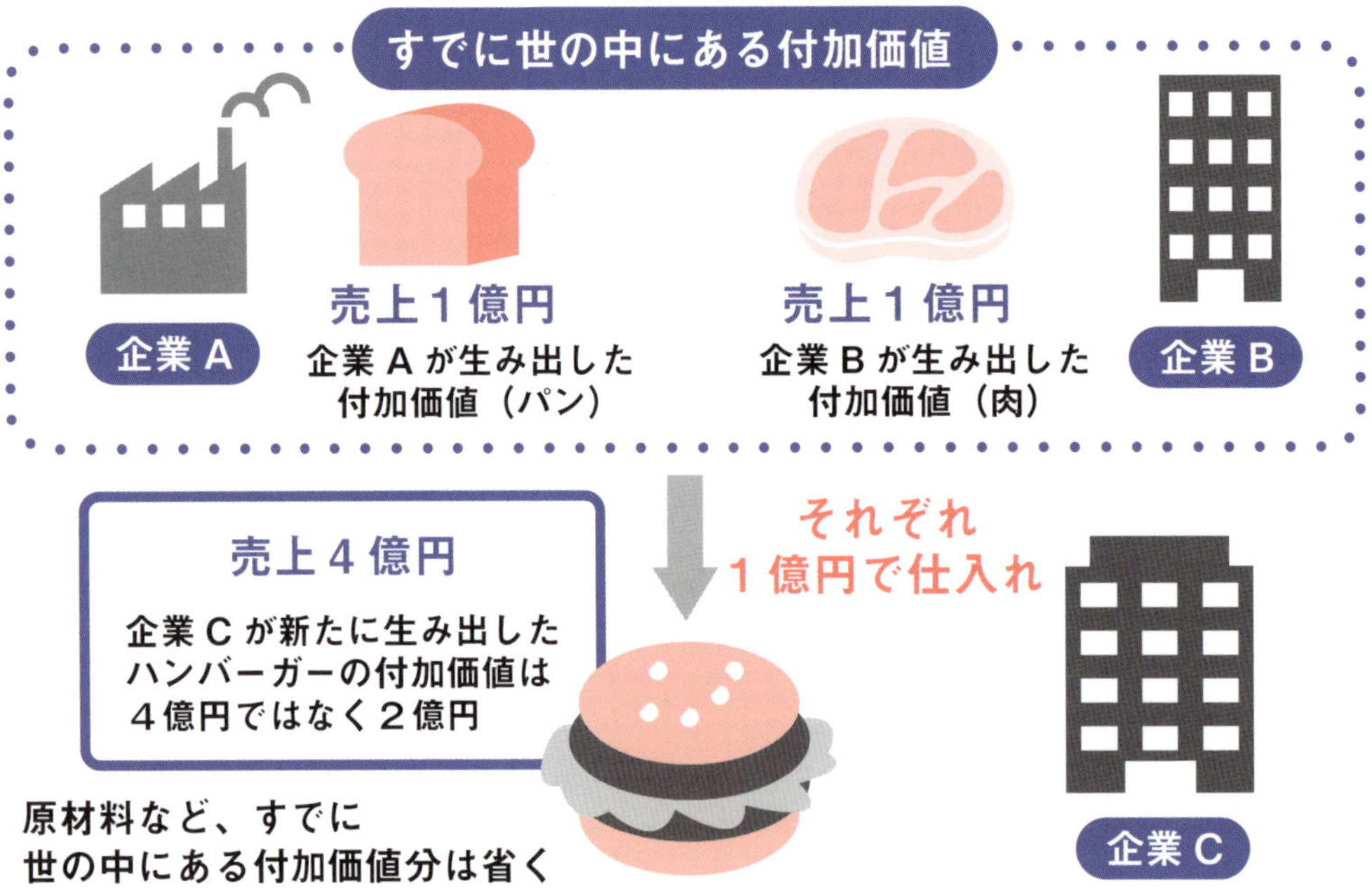

よく耳にするGDPとは一体何のこと？

GDPは国の経済活動の大きさを測る指標のひとつです。**一定期間に国内で新しく生産された財やサービスの付加価値の合計**を示します。

単純にそれぞれの企業の生産額を合算したものではありません。たとえばある企業は1年間にパンを1億円、肉を1億円仕入れて、4億円のハンバーガーを売り上げているとします。この企業が生み出した付加価値は2億円です。4億円の売上があっても、そのうち原材料費の2億円はすでにほかの企業で生産されたものですから、ハンバーガーをつくった企業が生み出した付加価値には加えません。

新しく人と機械を投入して、ほかの企業の生産物からハンバーガーという新しい生産物をつくり出すことで、この企業は2億円分だけ経済全体の生産活動を増加させているのです。

経済活動の大きさを測る指標で最も用いられる"GDP"

このように、GDPはある一定の期間のうちにどの程度、国民経済にとって利用可能な資源が増加したかを示しています。

経済活動の大きさを測る指標はさまざまありますが、その中でも最もよく用いられているのがGDPです。

GDPはある一定期間中に生み出された付加価値の量を示します。つまりGDPは「**フロー**」の概念です。これに対して、ある時点までに貯めこまれた資産を「**ストック**」といいます。**フローとストックの概念を区別することはとても重要**です。

PICK UP もっと知りたい経済学

GDPには生産機械の価値の目減り分も含まれる

GDPには生産に使われることで減耗する（価値が減る）機械などの減耗分（固定資本減耗）と、固定資本減耗分を相殺する投資、つまり古くなった設備を更新するための投資も含まれます。
古くなった設備を更新するための投資は新しい付加価値を生みませんが、統計的に把握しやすいものです。本来の付加価値の合計を示す指標は、純粋にその年に生産された付加価値の額を示すNDP（国内純生産）が該当します。

フローとストックの考え方

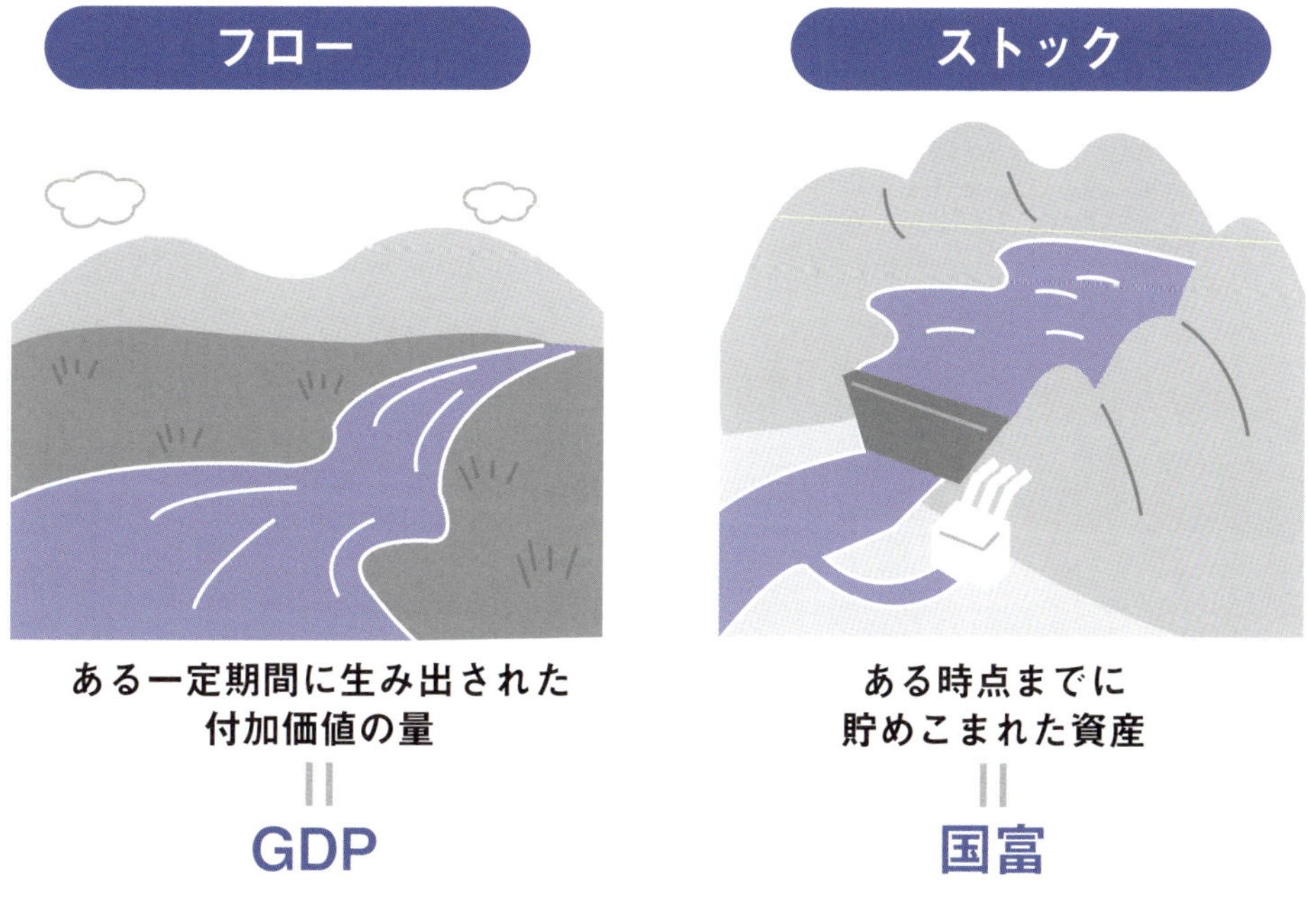

LECTURE 24

GDPに含まれないものは？

POINT 新たに生み出された付加価値ではないもの、価値が測りにくいものはGDPに含まれない。一方、市場取引されないものでもGDPに含めるケースがある。

GDPに含まれないものの例

キャピタルゲイン
土地が値上がりして
儲かった
¥
家事労働

新たに生み出されたものでない付加価値はGDPに含まれない

実際にそこに利益が生じていても、GDPに含まれないものもあります。

たとえば、**土地の値上がりによる売却益（キャピタル・ゲイン）**は生産活動の結果新しく生み出された付加価値ではありませんから、GDPには含まれません。

また、価値を推定できないという理由で、GDPの計算から除外されているものもあります。**家庭内での掃除、洗濯、料理などの労働サービス**がその代表例です。

もちろん家事も立派な仕事であり、もし家政婦を雇えばそこに賃金だって発生します。しかし、市場で取引されない純粋な家庭内の労働をその内容に応じて金銭で評価するのは、やはり非常に難しいのです。

COLUMN

GDPと持ち家の関係

経済学的には持ち家でも家賃を払っていることに！

借家の場合はその「家を貸す」という住宅サービスが市場で取引されており、家賃という形でその付加価値を測ることができます。では持ち家の場合はどうなのでしょう？

実は持ち家の家賃（というと妙ですが）も農家の自家消費分と同じような扱いで、GDPに含まれているのです。どういうことかというと、仮に家賃を支払うとすればどれだけになるのかを推計し、その金額をGDPに計上しているというわけです。

市場取引がなくてもGDPの計算に反映されるものもある

政府支出のサービスは、福祉サービスなど市場を通さないで行われるものが多いため、客観的な金額が計算できません。

そこで政府サービスの付加価値は、そのサービスをつくり出すのにかかった費用（たとえばその事業にかかわる公務員の給料）で測ることにしています。

自家消費分もGDPに計上されます。農家などは作物を家庭内で食べることがあります。市場で価格がつかないので、自家消費の大きさを客観的に計測するのは困難です。そこで、農家の生産物はいったんすべて市場で売ったとみなして、GDPに計上しています。

市場取引がなくてもGDPに含まれるものの例

1 政府サービス

公務員の給料を
GDPに計上

2 農家などの自家消費分

本当は自分で食べる
けど、一度市場で
売ったことに

LECTURE 25

三面等価の原則

POINT

国内総生産（GDP）、国内総所得（GDI）、国内総支出（GDE）はすべて等しいという、マクロ経済学での原則。

総生産と総所得と総支出はみんな等しい

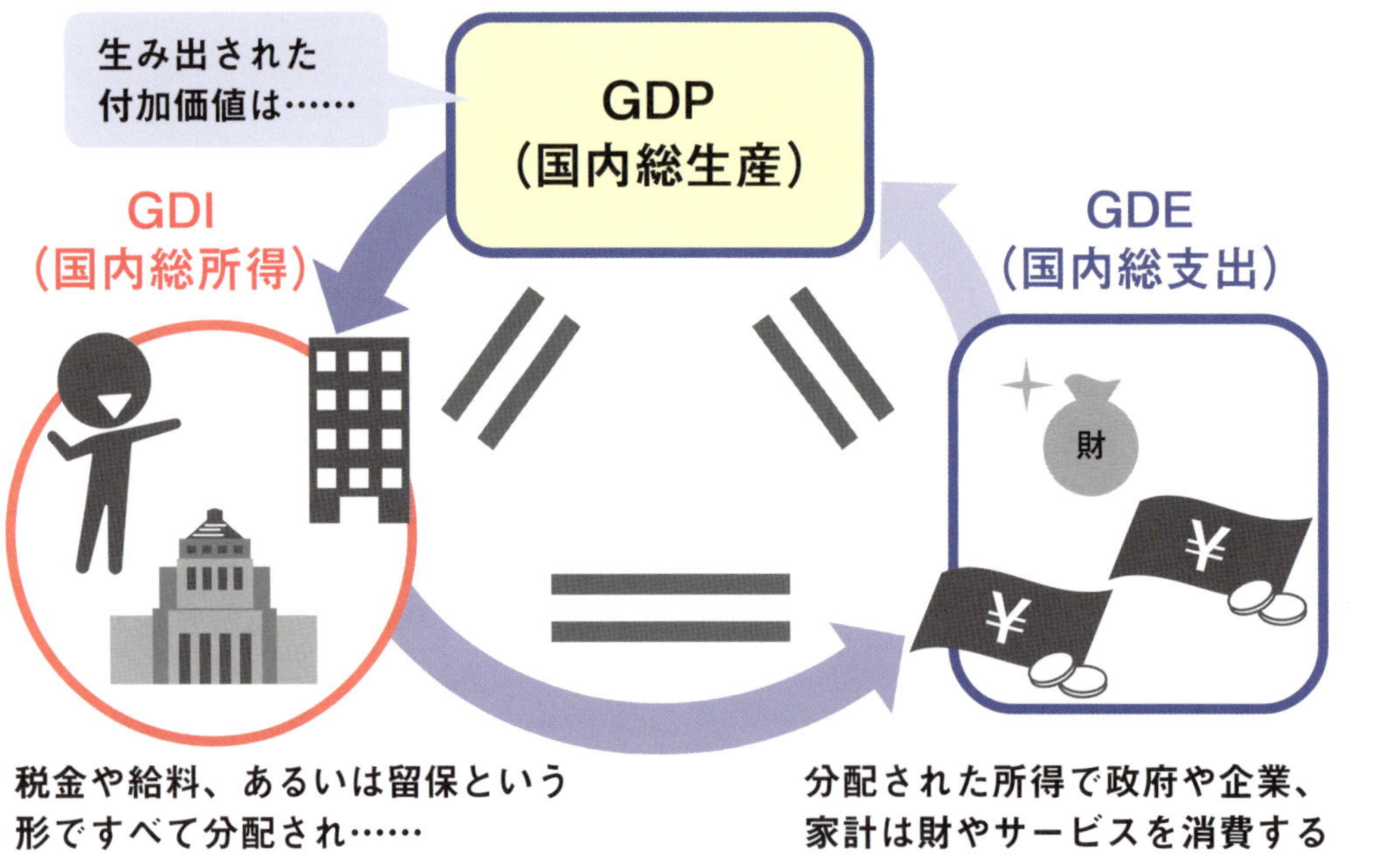
生み出された付加価値は……
GDP（国内総生産）
GDI（国内総所得）
GDE（国内総支出）
財
¥
¥
税金や給料、あるいは留保という形ですべて分配され……
分配された所得で政府や企業、家計は財やサービスを消費する

GDPは分配、支出から見ても等しくなる

生産されたものは必ず誰かに分配されて誰かの所得になりますし、必ず何らかの形で使われます。ゆえにGDPには「**三面等価の原則**」が成り立ちます。**「生産面から見た国内総生産（GDP）、分配面から見た国内総所得（GDI）、支出面から見た国内総支出（GDE）はすべて等しい」という原則**です。

原則と名づけられてはいますが、実はあとづけ的なところがあります。というのも、分配された所得が必ず何かに支出されるのは、国民所得を計算する際、貯蓄と投資が等しくなるように事後的に取り扱うことにしているからです。

たとえば売れ残った商品を、意図せざる在庫投資とみなして投資に含めることで、貯蓄と投資が等しくなるように、バランスを取っているのです。

PART_0 経済学とは何か
PART_1 ミクロ経済学
PART_2 マクロ経済学

PICK UP
もっと知りたい経済学

名目GDPの増加だけでは経済活動が活発とはいえない

ひと口にGDPといっても、内実はもう少し細かく分けられ、それが名目GDPと実質GDPになります。名目GDPは単純に市場価格で評価したGDPの大きさを表したものです。これに対し、名目GDPから物価変動分を除外したものが実質GDPとなります。そのため、たとえ名目GDPが増加しても、実質GDPが増加しなければ、それは単にモノの値上がり分が反映されているに過ぎないので、経済活動が活発になったとはいえません。

GDPには限界があることを認識しておく

GDPが大きくなるのは、一般的にはよいことでしょう。

実際、日本は1960年代からの高度成長を経てGDPが拡大して、物質的に豊かな社会になりました。

しかし、GDPが上昇すればすべての面でよくなるのかというと、必ずしもそうではありません。GDPには市場で取引されないものは含まれないからです。特に、公害に代表されるマイナスの生産活動、格差問題も考慮されていません。

指標としてのGDPには、このような限界があることを認識しておく必要があります。

GDP、GDI、GDEの分解図

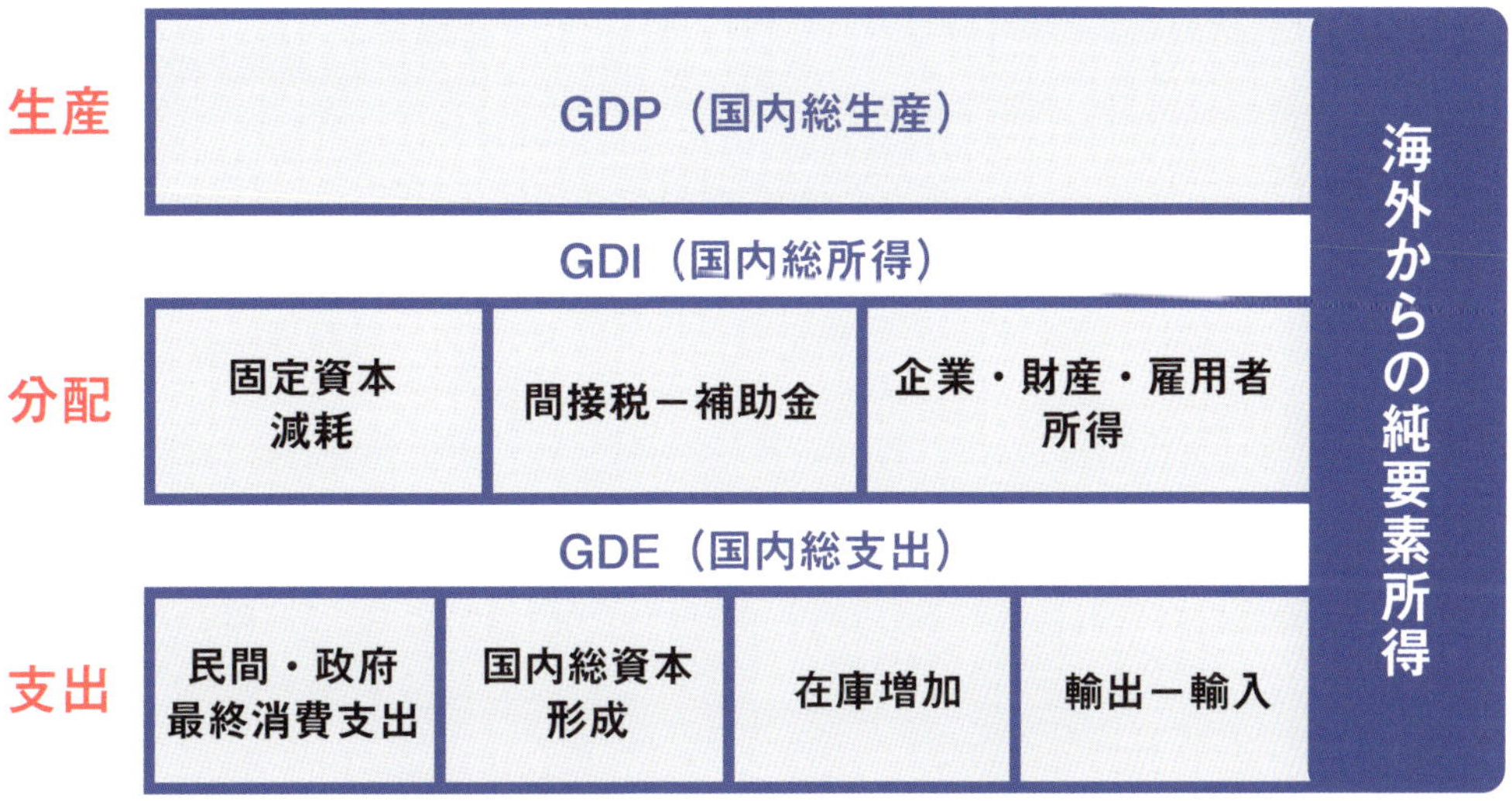

国内総生産は、分配から見ても、支出から見ても等しくなる。

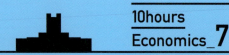

LECTURE 26

物価指数

POINT 消費者にとって重要な消費者物価指数、企業にとって重要な企業物価指数、国全体の価格の変動を見る際に重要なGDPデフレーターを見てみよう。

物価指数とは？

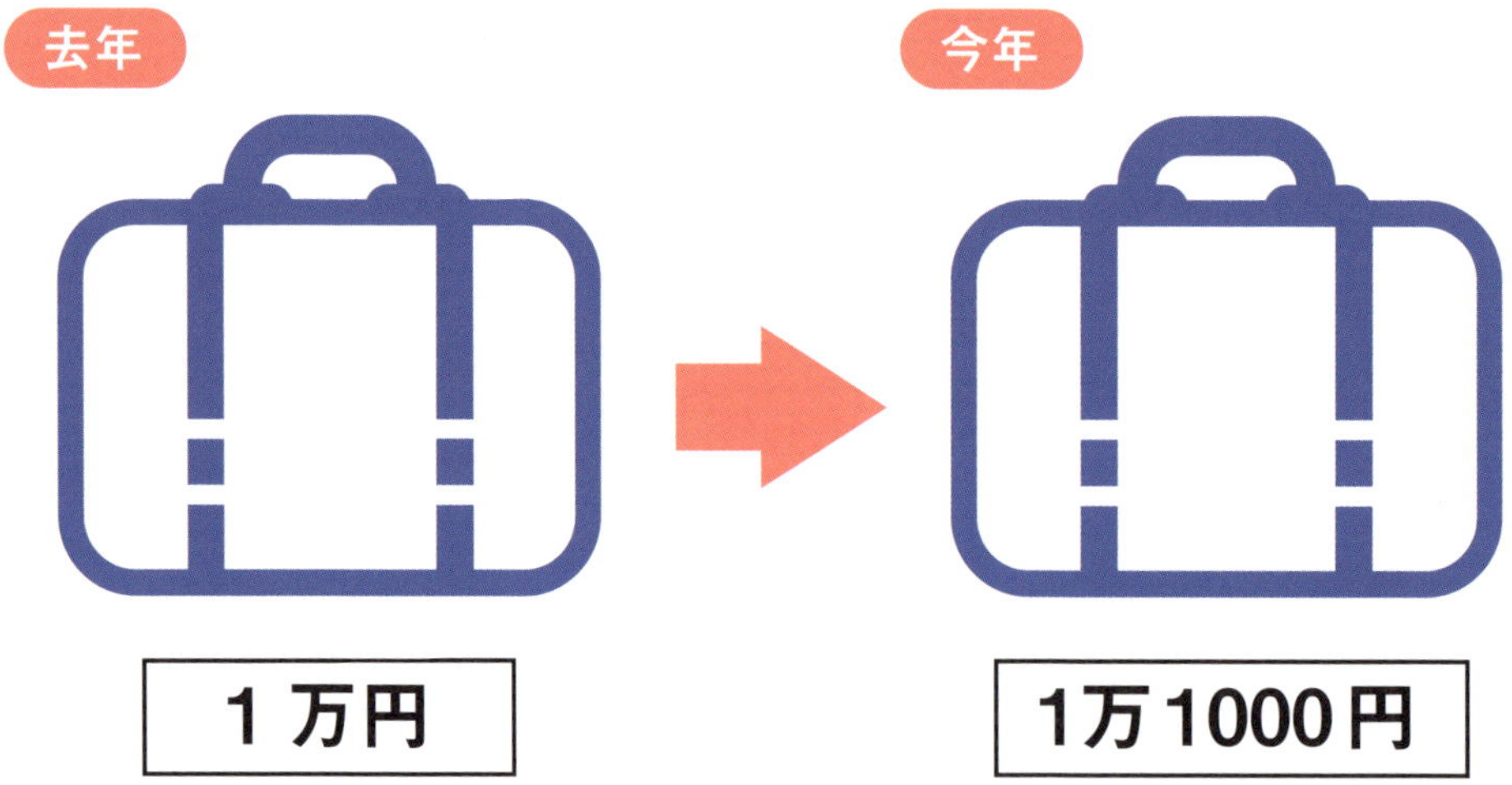

去年の物価を100とすると今年の物価指数は110となる

消費者物価指数の上昇はモノの価格の上昇を意味する

物価指数は、あるときの物価を100として、いまの物価がそれと比べてどれだけ高いか（低いか）を数値化したものです。たとえば、ある商品の価格が1万円だったときの物価を100とします。その商品が1万1000円になると、物価指数は110になります。

物価指数には「**消費者物価指数**」と「**企業（卸売）物価指数**」があります。

前者は消費財の物価指数で、後者は原材料や輸入・輸出財など企業の生産活動に用いられる財の物価指数です。

みなさんにとって最も身近な物価指数は、消費者物価指数でしょう。この指数が上昇すると、家計はモノの価格が上昇してインフレが進行していると感じます。企業にとっては、企業物価指数も重要です。

PICK UP
もっと知りたい経済学

企業にとっての企業（卸売）物価指数と消費者物価指数の関係

消費者にとって気になるのが消費者物価指数であるのに対して、企業にとって気になるのは原材料や輸入・輸出財などの、財の物価指数である企業（卸売）物価指数です。

企業が生産活動をするには財の購入が不可欠ですが、そのとき問題になるのは消費財ではなく、原材料や輸入・輸出財など、生産に用いられる財です。そのため、消費者物価指数が大きく上昇したとしても、企業物価指数がさほど上昇しなければ、生産活動には大きな影響はありません。

その国の経済がインフレかデフレかを判定するための指数

「**GDPデフレーター**」という物価指数もあります。

これは名目GDPを実質GDPで割ることで算出される物価指数のことです。名目GDPが実質GDPよりも大きな率で上昇すれば、物価がその率で上昇したとみなすことになります。

よく耳にするインフレかデフレかは、このGDPデフレーターで判断することができます。

また、GDPデフレーターは消費財の価格も生産財の価格も、ともに考慮した物価指数ですから、国全体の価格の変動をまとめて見る際には、最も適切な指数といえます。

さまざまな物価指数

消費者物価指数	＝	食品や衣料品など、家計の消費に使われる消費財の物価指数
企業（卸売）物価指数	＝	原材料や輸入・輸出財など、企業の生産活動に用いられる財の物価指数
GDP デフレーター	＝	名目 GDP と実質 GDP の比率として計算される物価指数

LECTURE
27

需要とケインズ経済学

POINT マクロ経済学は 20 世紀に活躍した 1 人の経済学者ケインズにより誕生した。彼が創始したケインズ経済学は現在も大きな影響力を持っている。

ケインズ経済学の考え方

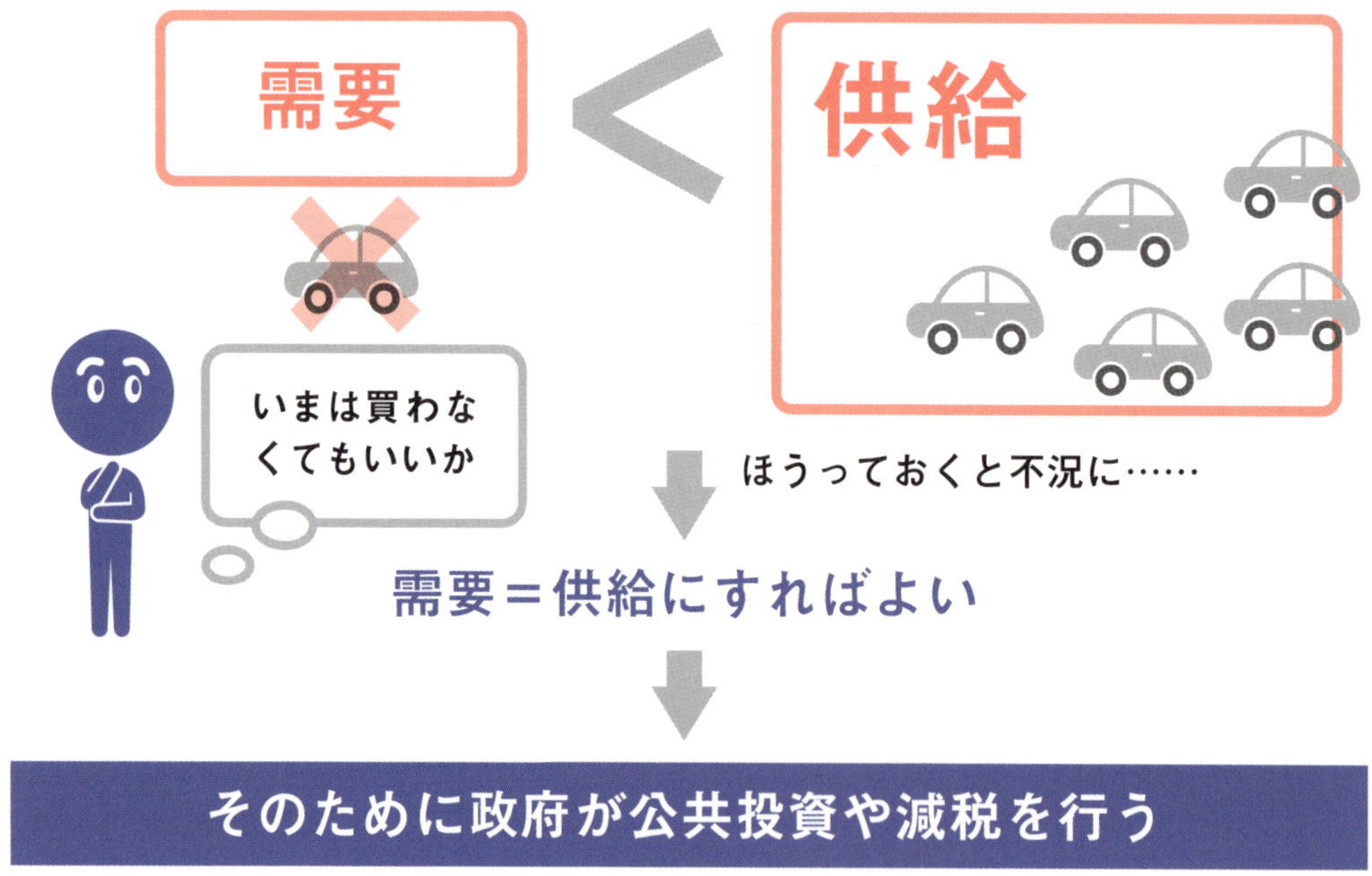

マクロ経済学の原点 ケインズ経済学から GDPを見ると……

GDPはどのようなメカニズムで変化するのでしょう。また、よりGDPを増やすためには、どのようにすればよいのでしょうか。

マクロ経済学の原点は、1930年代の世界的不況を克服するためにケインズが創始した、**ケインズ経済学**です。この点について、ケインズ経済学の枠組みを使って考えてみましょう。

短期的には 価格より生産量が 超過供給を解消する

ケインズ経済学の基本的な立場では、「需要と供給との差を調整するのは、価格ではなく数量である」と考えます。たとえばある財市場において、需要より供給が多い状態にあるとしましょう。企業にとっては商品が売れず、在庫があふれている状況です。

このとき、ミクロ経済学の標準的な考え方にのっとると、価格メカニズムがうまく働けば、価格が下落して需要を刺激し、逆に供給を抑制して、超過供給を解消する方向に動くはずです。しかし価格下落のスピードが遅いと、短期的には需要が伸びず、超過供給は解消されません。

むしろ、企業は価格ではなく、生産量を減らすことで超過供給の解消に動くでしょう。そして再び需要が増加すれば、そのぶん企業も生産量を増やします。

このようにケインズ経済学では、価格の調整スピードは遅く、需給バランスの調整は短期的には数量、特に需要に応じた生産調整によりなされていると考えます。

なおマクロ経済を研究する学派には、新古典派経済学もあります。

PICK UP もっと知りたい経済学

不況時に生まれたケインズ経済学と経済学の巨人ケインズ

イギリスの経済学者ケインズ（1883～1946）はマクロ経済学の生みの親であり、20世紀経済学に最も影響を与えた巨人といえる存在です。
彼が生み出したケインズ経済学は、価格の調整スピードが短期的には遅く、失業者や遊休設備があふれて企業の生産能力があり余っている不況期にぴったりあてはまる考え方です。ケインズ経済学が1930年代の世界恐慌を背景に生まれたことを考えると、当時としてはごく自然な発想だったのでしょう。

マクロ経済を研究する２つの学派とその違い

ケインズ経済学		新古典派経済学
それほど合理的な行動を取らない	経済主体	合理的な行動を取る
それほど完全には機能しない	価格調整メカニズム	よく機能すると信頼する
↓ゆえに政府の介入が重要となる	政府の介入	↓ゆえに政府はあまり介入しないほうがよい

LECTURE 28

国民所得の決定メカニズム

POINT
総需要の大きさにちょうど見あうだけの生産が行われるよう、調整されると考えるのが、ケインズ経済学での国民所得の決定メカニズム。

有効需要の原理

総需要に見合うだけいくらでも生産を増やせるという考え

総需要にあうまでGDPを増やせる「有効需要の原理」

ケインズ経済学では、マクロの総需要に見あうまで、いくらでも生産を増やせる、つまりGDPを増やせると考えます。この考え方を**有効需要の原理**といいます。有効需要とは実際の所得に裏打ちされた需要、財市場で実際に支出される需要です。

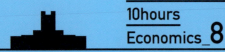

図から見る有効需要の原理のメカニズム

次ページの図は縦軸に総需要Aを、横軸に生産量である国民所得Yを表したものです。45度線はY＝A、つまり需要と生産量（国民所得）が等しい状態で与えられる、財市場の均衡条件を示しています。

AA線は総需要曲線です。総需要は国民所得の増加にしたがって増えるので、AA線は右上がりです。また、総需要が増える割合は国民所得が増える割合より小さいので、傾きは1より小さくなります。このAA線が45度線と交わる点Eで総需要が供給と等しくなります。

E点の右側では総供給が総需要を上回る状態ですから、意図しない在庫が発生します。企業は売れない在庫を嫌って生産量を縮小させるので、最終的にE点まで生産を縮小し、需要に見合った生産が可能となります。

逆に、E点の左側では企業は需要があるだけ生産を拡大するので、生産量はE点まで拡大し、この点で財市場が均衡します。

このように、総需要の大きさにちょうど見あうだけの生産が行われるように調整されると考えるのが、ケインズ経済学の国民所得の基本的な決定メカニズムです。

PICK UP もっと知りたい経済学

有効需要の原理における均衡は企業にとって望ましい均衡ではない

有効需要の原理で求められた財市場の均衡は、実際に実現する水準という意味であり、企業にとって最適な（需要制約なしでの利潤を最大化する）供給量が実現しているという意味での均衡ではありません。企業は、市場で成立している価格のもとではより供給量を増やしていきたいと考えていますが、需要の制約があるため、簡単にいえば人々はお金がなければモノを買うことができないので、それが実現していないのです。

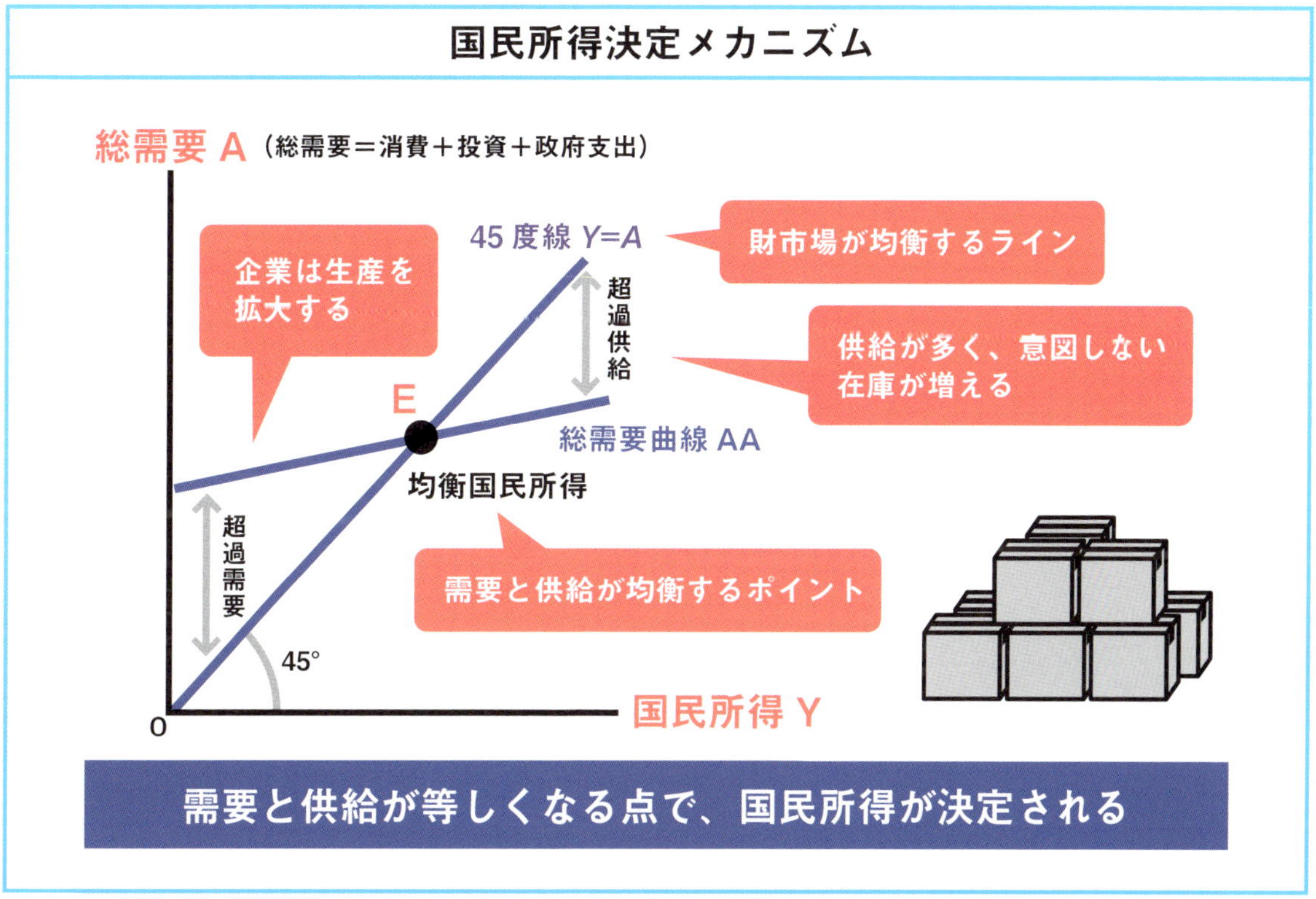

LECTURE 29

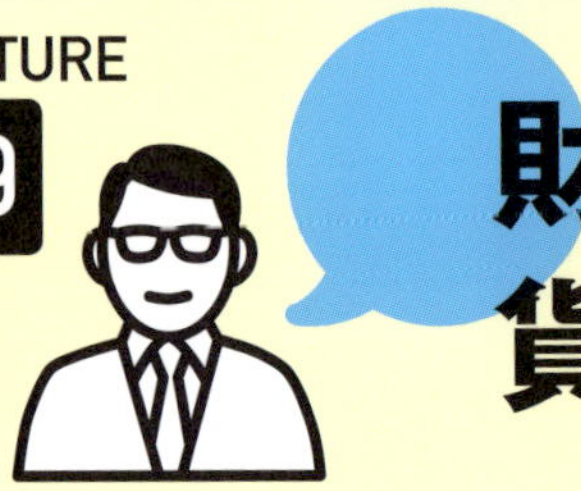

財市場と貨幣市場の均衡

POINT　財市場と貨幣市場、それぞれの市場で均衡する GDP と利子率の組みあわせを示したものが IS 曲線と LM 曲線。

IS 曲線と LM 曲線

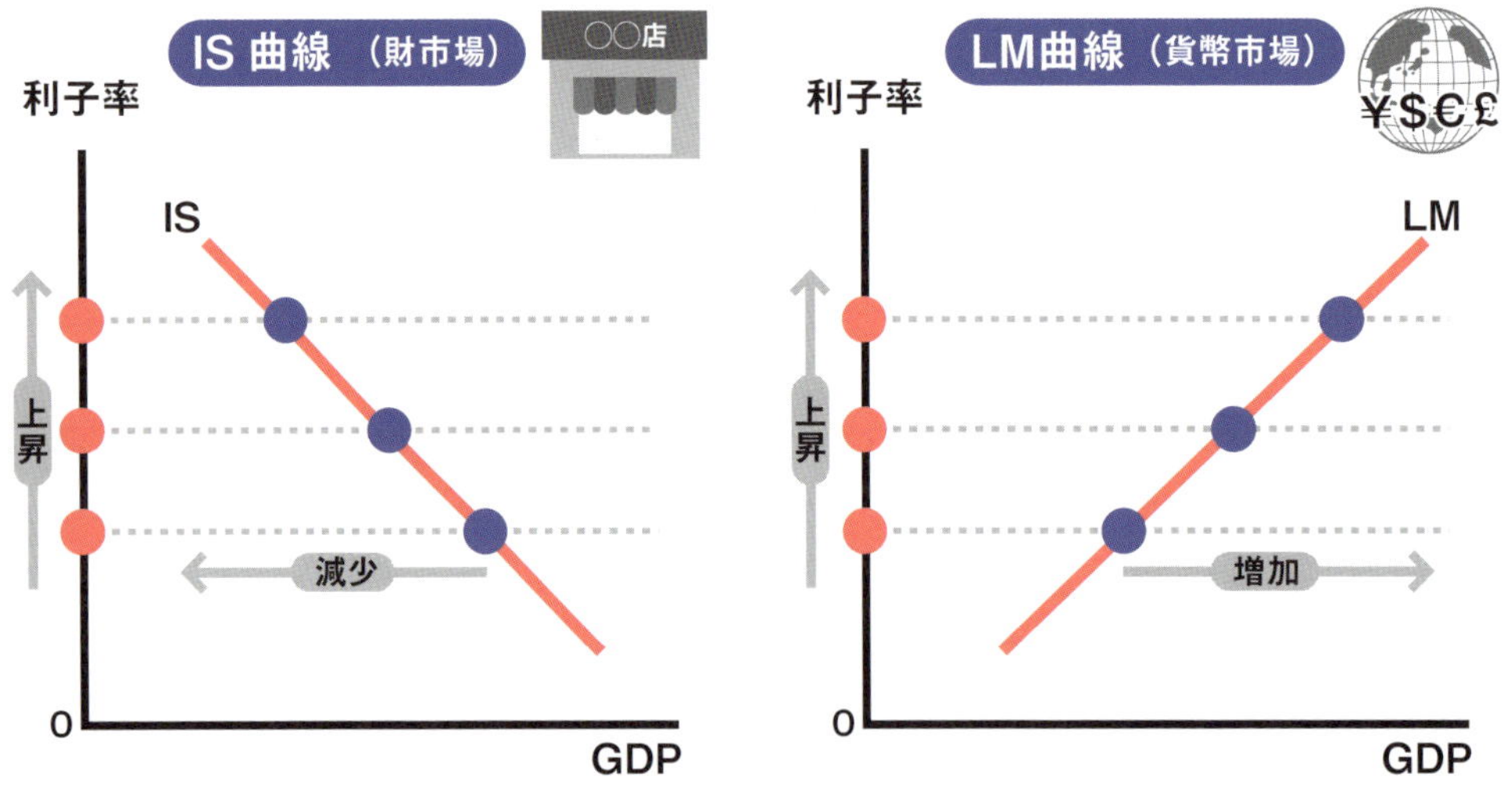

利子率が上昇すると、財市場の需要と供給の均衡を維持するためには GDP 減少が必要

利子率が上昇すると、貨幣市場の需要と供給の均衡を維持するためには GDP 増加が必要

財市場と貨幣市場の需要と供給を均衡させるGDPと利子率

財・サービスを取引する財市場と貨幣を取引する貨幣市場は相互依存関係にあります。これを考慮し、国民所得と利子率を同時に説明しようとするのが**「IS-LMモデル」**です。

IS曲線は、財市場の需要と供給が均衡するGDPと利子率の組みあわせを表します。利子率が上昇すれば投資が減るので、超過供給となります。

均衡を維持するには、GDPが減少して供給を抑える必要があるので、IS曲線は右下がりです。

LM曲線は、貨幣市場の需要と供給が均衡するGDPと利子率の組みあわせを表します。利子率が上昇すれば貨幣需要が減るので、超過供給になります。

貨幣市場での均衡を維持するには、GDPが増加して貨幣需要を刺激する必要があるので、LM曲線は右上がりです。

財市場と貨幣市場が同時に均衡するGDPと利子率とは？

それでは、ＩＳ曲線とＬＭ曲線を用いて、財市場と貨幣市場が同時に均衡する利子率と国民所得の組みあわせを考えてみましょう。

下図「ＩＳ－ＬＭ分析」をご覧ください。両市場が同時に均衡するのは、両曲線の交点Ｅです。この点で財市場と貨幣市場を同時に均衡させる国民所得と利子率が決定され、これに応じて均衡下での消費、投資、貨幣需要などが決定されます。

この均衡点Ｅで得られる国民所得を均衡ＧＤＰ、利子率を均衡利子率といいます。

PICK UP もっと知りたい経済学

ケインズ経済学が説明する働く意欲はあるのに職がない「非自発的失業者」とは

財市場、貨幣市場があるように、労働市場も存在し、労働者を完全雇用して生産される GDP を完全雇用 GDP といいます。ところで、均衡 GDP では財市場と貨幣市場の均衡が同時に成立しましたが、このとき完全雇用 GDP も均衡することはあるかというと、それは難しいところ。労働市場の均衡は別の要素によって決まるからです。一般に不況期の均衡 GDP は完全雇用 GDP よりも小さくなります。そのギャップに相当する労働者が、非自発的失業者、つまり働きたいのに職につけない人たちのことです。

IS-LM 分析

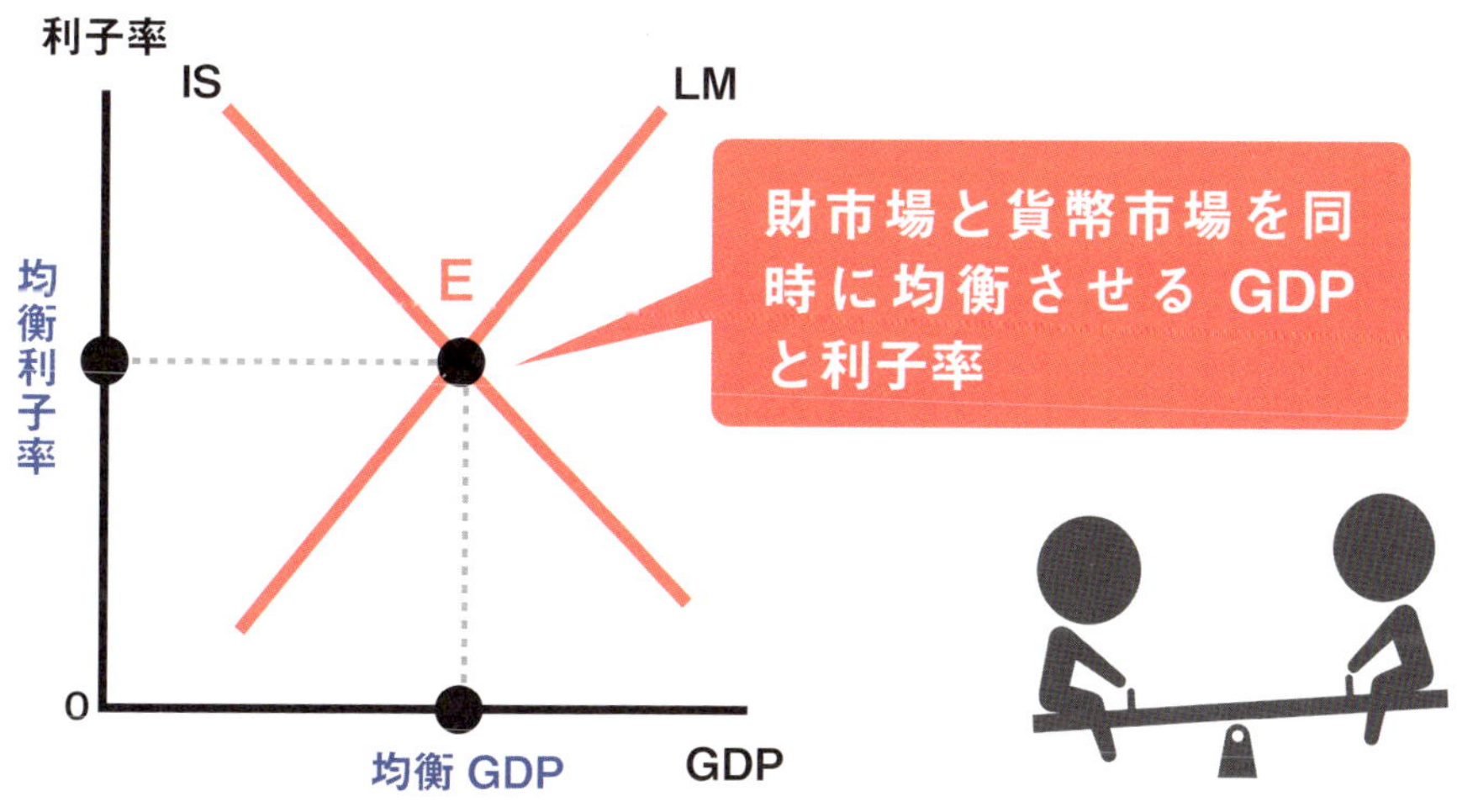

IS 曲線と LM 曲線の交点、つまり財市場と貨幣市場が均衡したところで、財市場と貨幣市場の需要と供給が同時に均衡する GDP と利子率が決まる

LECTURE 30

家計の消費行動

POINT 所得と消費の関係を決めるのが消費関数。所得が消費を決定する。消費は所得より少なく、その差額は貯蓄へと回される。

消費関数のグラフ（$C = C_0 + C_1Y$）

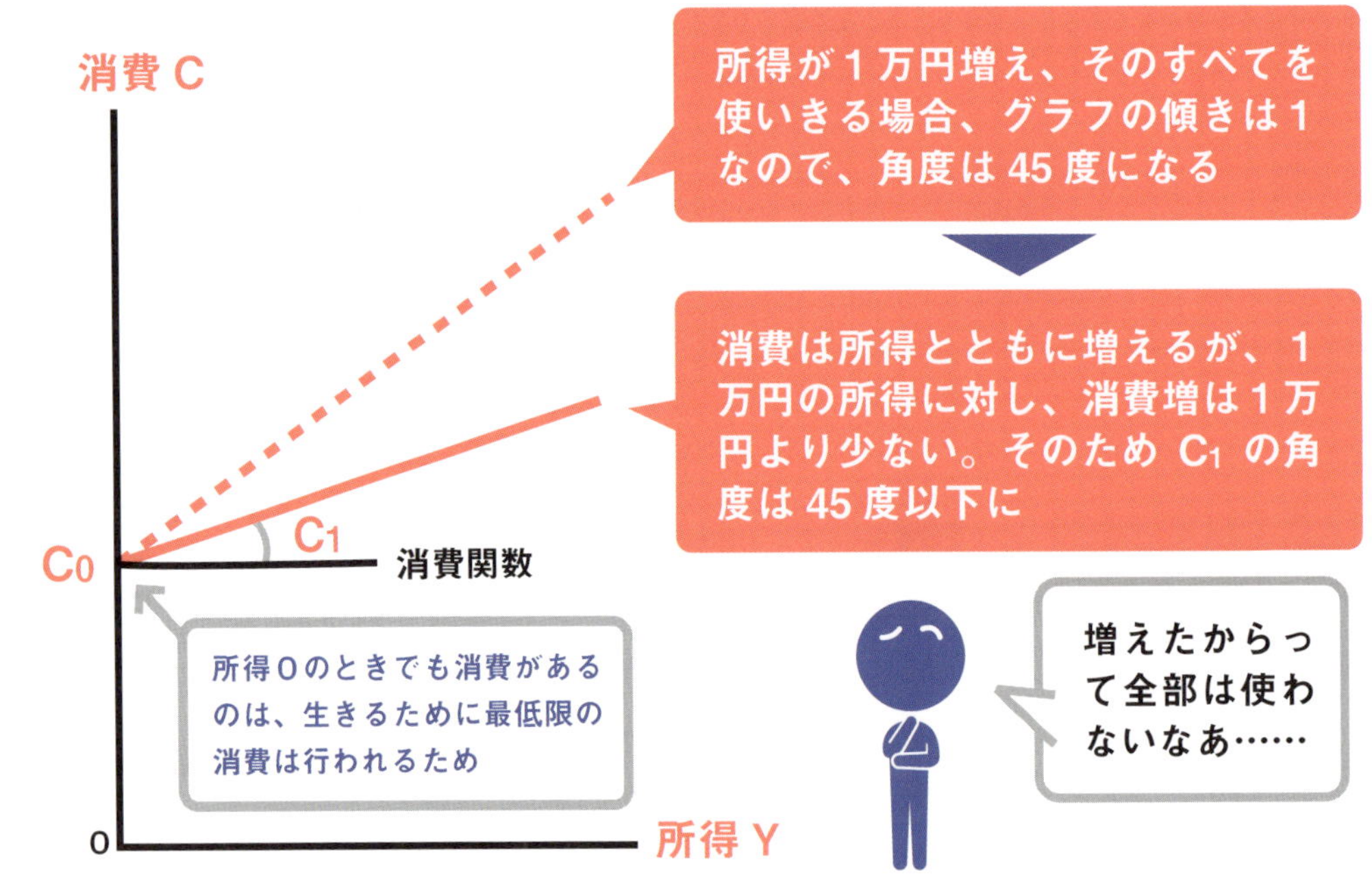
消費 C
所得 Y
0
C_0
C_1
消費関数
所得が1万円増え、そのすべてを使いきる場合、グラフの傾きは1なので、角度は45度になる
消費は所得とともに増えるが、1万円の所得に対し、消費増は1万円より少ない。そのため C_1 の角度は45度以下に
所得0のときでも消費があるのは、生きるために最低限の消費は行われるため
増えたからって全部は使わないなあ……

家計における所得・消費・貯蓄と消費関数

家計は、所得を消費と貯蓄に配分します。家計の所得と消費の関係を定式化したのが**消費関数**です。グラフや数式にする場合は、所得をY、消費をCで表します。

要するに、**「所得が消費を決める」**という考え方です。

消費は所得とともに増加しますが、所得が1万円増加しても、消費は1万円以下しか増加しないでしょう。一般的に、増えた分を全部使いきる人はあまりいないでしょう。所得と消費の差額は貯蓄に回されます。

人はどんなときに貯蓄をし、どんなときに消費をするのか

所得がいままでより増えたとき、それにともない増えた消費の大きさを所得の増加分で割った比率を

CHECK
限界消費性向

所得増加時にどれだけ消費が増加するかの比率

算式

$$\frac{\text{増加した消費の大きさ}=\Delta C}{\text{所得の増加分}=\Delta Y}$$

＊算式中の「Δ」は増加分を表します。ΔCはCの増加分という意味です

解説

右ページの消費関数のグラフに示した、消費関数の傾き C_1 は、この限界消費性向を表しています。

また、限界貯蓄性向は、貯蓄の追加的な増加分Δ(Y−C)を所得の増加分ΔYで割った比率＝Δ(Y−C)／ΔYで求められます。

算式

$$\frac{\text{貯蓄の追加的な増加分}=\Delta (Y-C)}{\text{所得の増加分}=\Delta Y}$$

限界消費性向と呼びます。また、貯蓄の増加分を所得の増加分で割った比率を**限界貯蓄性向**と呼びます。これは、所得の増加によりどれだけ貯蓄が増えたかを表すものです。

貯蓄を一切しないと現在の消費による効用は増えますが、将来の消費による効用は最低水準になります。

逆にたくさん貯蓄すると、将来の消費は拡大できますが、現在の消費は落ち込みます。ですから、長い目で見て現在と将来とで消費水準をならすのが、最適な消費・貯蓄の行動ということになります。

一生のライフサイクルで見れば、若いときには老後に備えて貯蓄をし、引退して収入がなくなれば、それまでの貯蓄を取り崩して若いときと同じ消費水準を維持しようとするでしょう。

ライフサイクルでの消費貯蓄行動

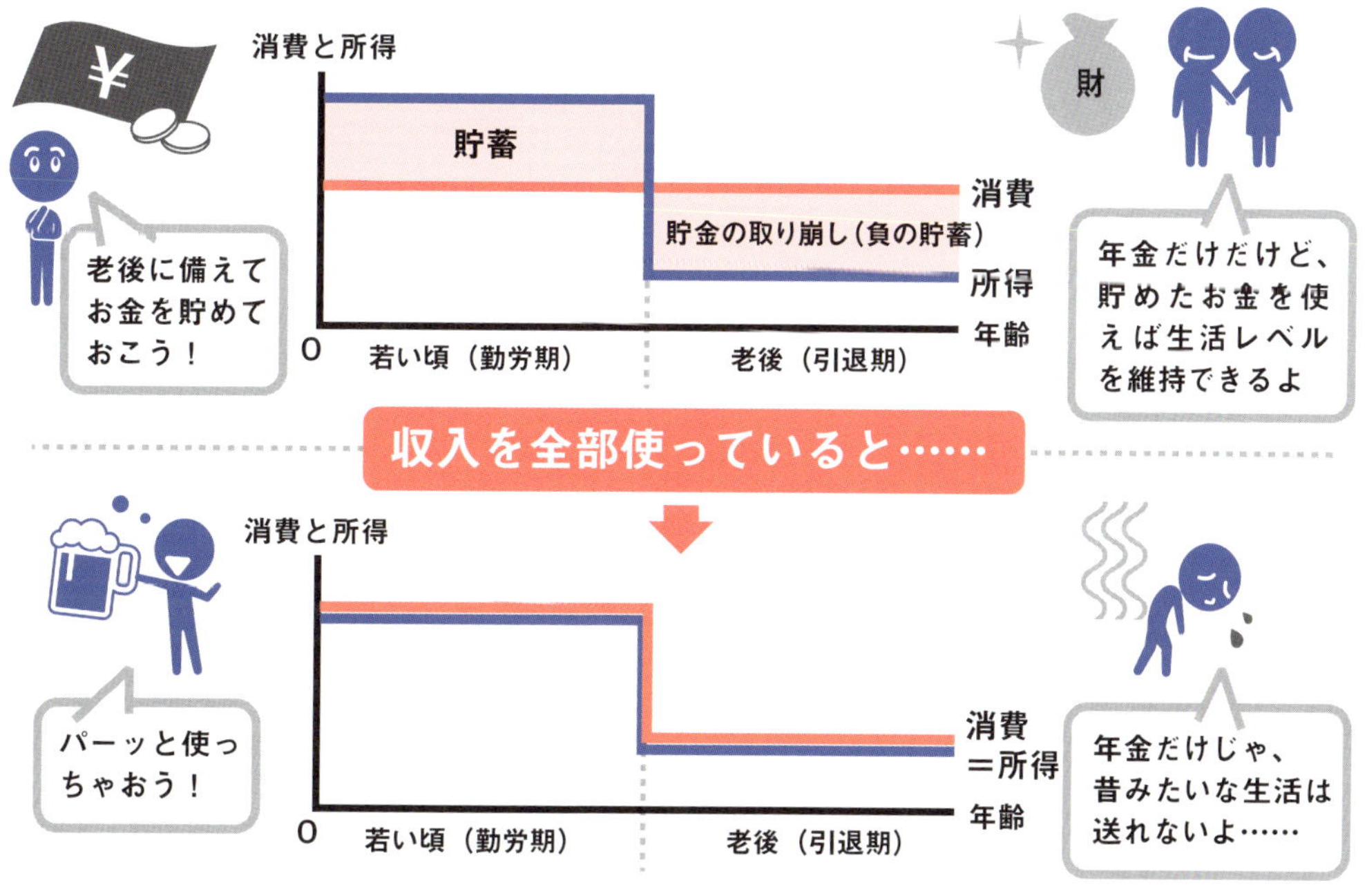

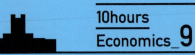

LECTURE 31

企業の投資行動

POINT 企業がより生産を拡大するために資本を投資するか否かを決めるときには、資本の限界生産と資本の限界費用を比べればよい。

生産を増やすために新しい機械を導入するべき？

新しい機械の借り入れコストが70だったら……

資本の限界費用＝70

資本の限界生産のほうが30上回っているので、企業は新しい機械を導入したほうが得

新しい機械の借り入れコストが130だったら……

資本の限界費用＝130

資本の限界費用のほうが30上回っているので、企業は新しい機械を導入しないほうがいい

企業はどのようにして生産を増やすための投資を決めているのか

企業は利潤の最大化を目指すために生産活動へ資本を投資します。投資行動を考えるときには生産に投入される資本がはたして最適水準にあるかどうかがポイントとなります。

要するに、資本をどこまで投資するのが得になるのか？ ということです。

まず、機械や設備などの資本ストックを1単位増加させたとき、生産（および収入）が増加した分を市場価格で評価したものが、資本の限界生産（メリット）になります。

逆に、資本の限界費用（デメリット）は、資本ストックを1単位、市場でレンタルしたときの借り入れコストです。

資本の限界生産が限界費用を上回る限り、企業は市場からの資本の借り入れを増加させるほうが得

になります。

資本ストックの最適水準は、資本の限界生産と資本の限界費用が一致する点です。

企業が増産のために資本投資の決定を決めるタイミングとは

資本の調整には時間がかかるので、企業はいつでも最適な資本を保持できるわけではありません。そこで先々のマクロ経済環境の動きの変化を予測して、最適な資本水準を実現するための投資行動を取ることが重要になります。

将来のマクロ経済環境がよくなり、自社の販売環境もよくなるだろうと予想すれば、資本の限界生産の増加が見込めるので、最適な資本の水準が増加し、投資が刺激されます。

COLUMN

資本コスト

最適な資本ストックに影響を与え、企業に投資を手控えさせる税率の改定

資本コストとは、企業が調達した資金にかかるコストのこと。銀行や投資家、株主などから資金を集めたときに払われる利子や利回り、配当などのことで、資本のレンタル価格に対応する概念です。採算上、最低限必要とされる課税前の収益率に相当します。法人税率の上昇や、投資減税の縮小といった優遇税率の低下は資本コストを上昇させるため、最適な資本ストックも減少させます。そのため、これら税率の改定は企業の投資にもマイナスに働きます。

資本の限界生産と資本の限界費用

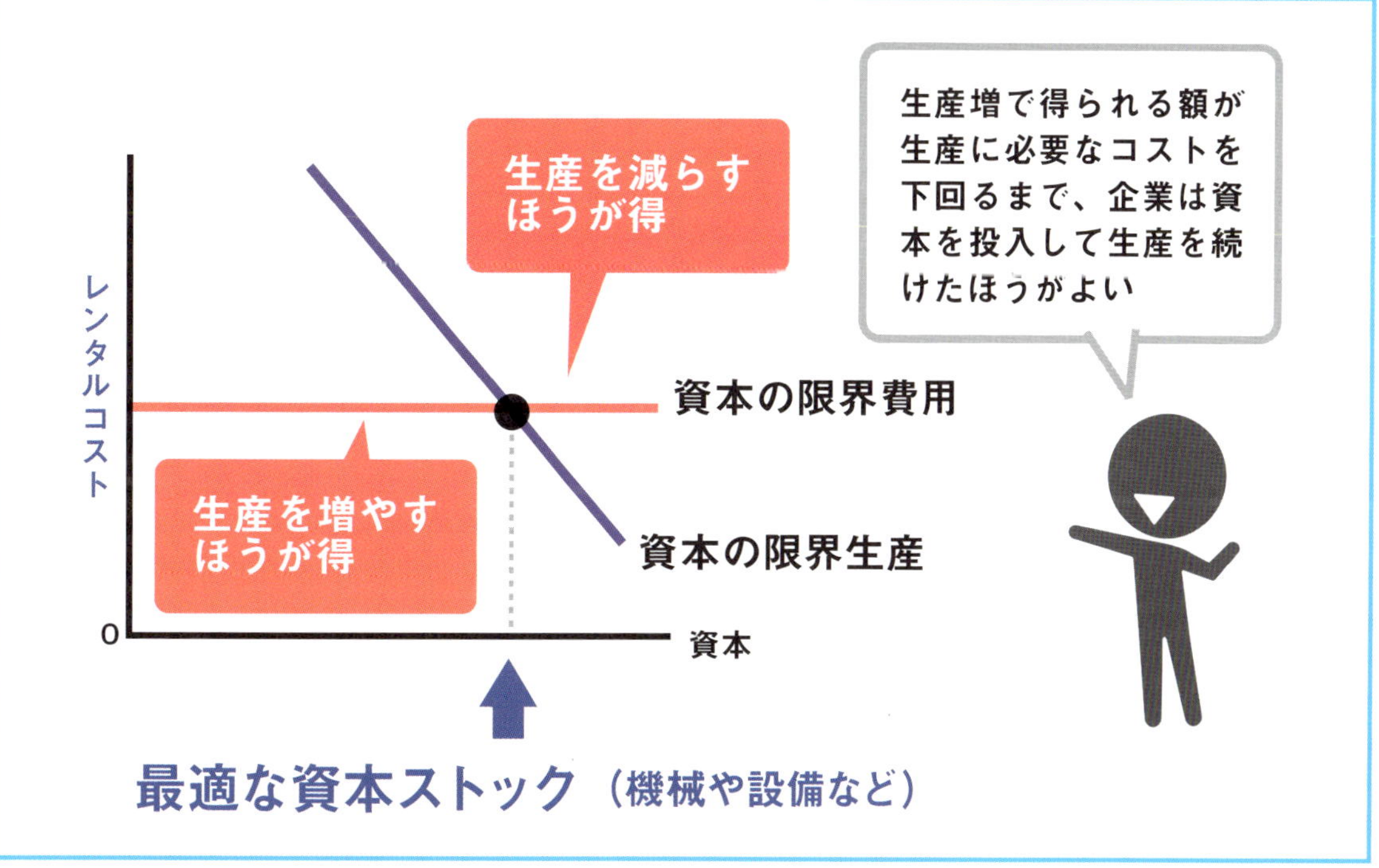

LECTURE 32

政府の存在

POINT 経済学における「政府（一般政府）」には、中央政府、いわゆる国だけではなく、県や市町村などの自治体といった地方公共団体も含まれる。

日本の公共部門

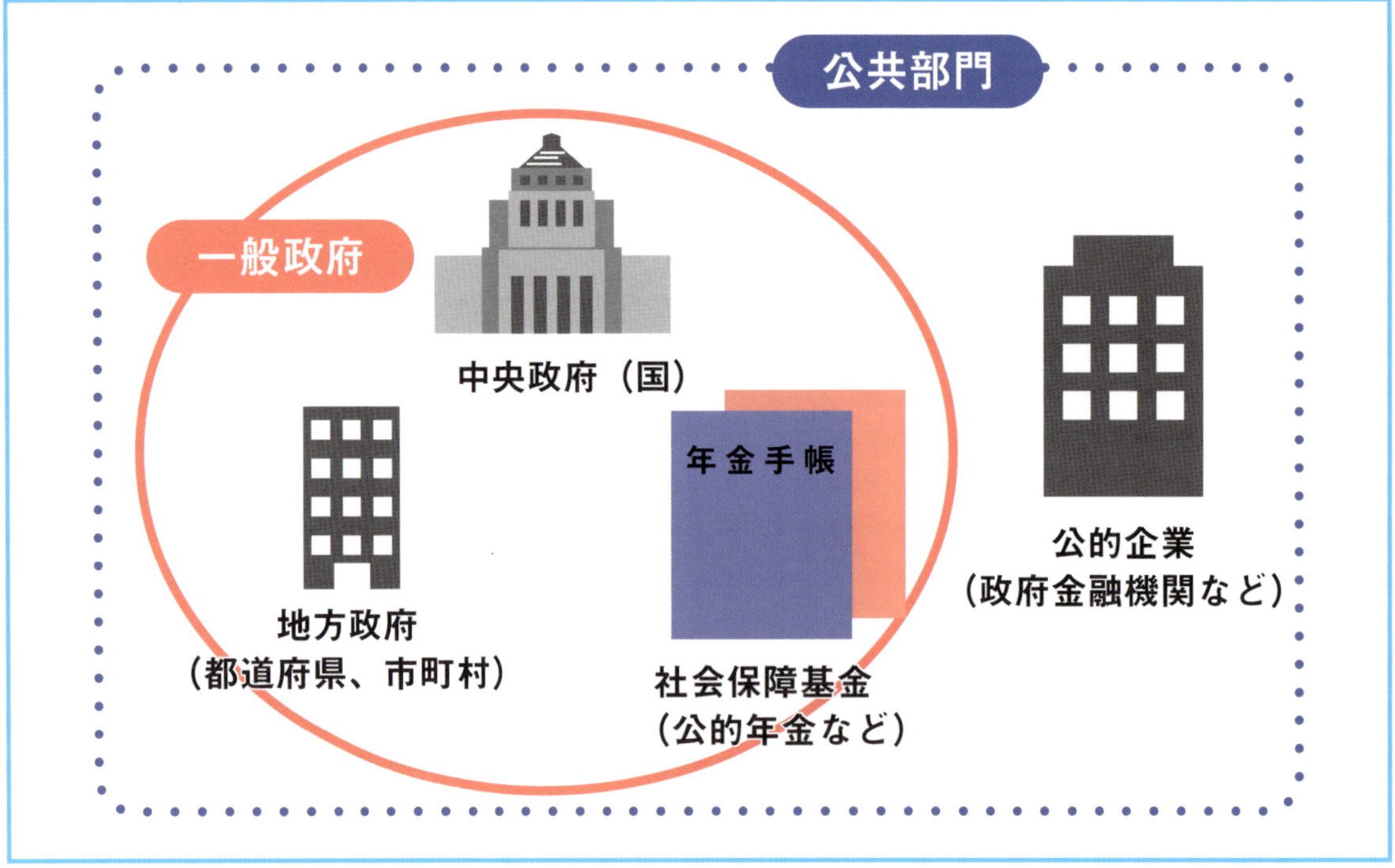

経済学において政府の位置づけとはどのようなものか

国民経済全体の中での政府部門の位置づけはどうなっているのか。これを見るために、まず用語としての一般政府の概念を簡単に説明しておきましょう。

わが国における一般政府とは、中央政府（国）、地方政府（地方公共団体）と社会保障基金（公的年金など）の各部門をあわせたものです。これに公的企業（政府金融機関など）を加えたものが、公共部門となります。

中央政府は公共部門の中心的な位置にあり、また地方政府の活動を指導、監督しています。

中央政府は税金を使って多額の収入を得る一方、自ら行政サービスをしたり、財サービスの購入という形で一定の政府支出活動を行ったりします。また、地方政府に対しては地方交付税交付金、各種補助金などで財源の補助や移転を、社会保障基金に対しては社会保障特別会計などへの繰り入れ（公的年金や医療保険に対する国庫補助など）を行います。中央銀行（日銀）は金融政策を担当します。

「予算」は政府の経済活動を集計したもの

また、中央政府は財政投融資の機関を通じ、財政投融資を行います。財政投融資は、中央政府の政策目標実現のために行われる公的な投融資活動です。

予算はこのような政府の経済活動を集計したもので、公共部門の経済活動のあり方を示しています。

このため、予算制度は憲法や法律によってその基本的な仕組みが決められています。

COLUMN

経済学と政府

SNAで定義される、経済主体としての「政府」

51ページでも取り上げましたが、SNA（国民経済統計）は、マクロ経済活動を数字として把握する際に使われる国際的なモノサシです。

SNAは経済の担い手となる経済主体として、5つの各制度部門を定義しています。非金融法人企業、金融機関、一般政府、家計、対家計民間非営利団体です。

ここからもわかるように、経済学においては、企業や家計などと同じように、政府も重要な役割をはたすものとされているのです。

中央政府の経済活動

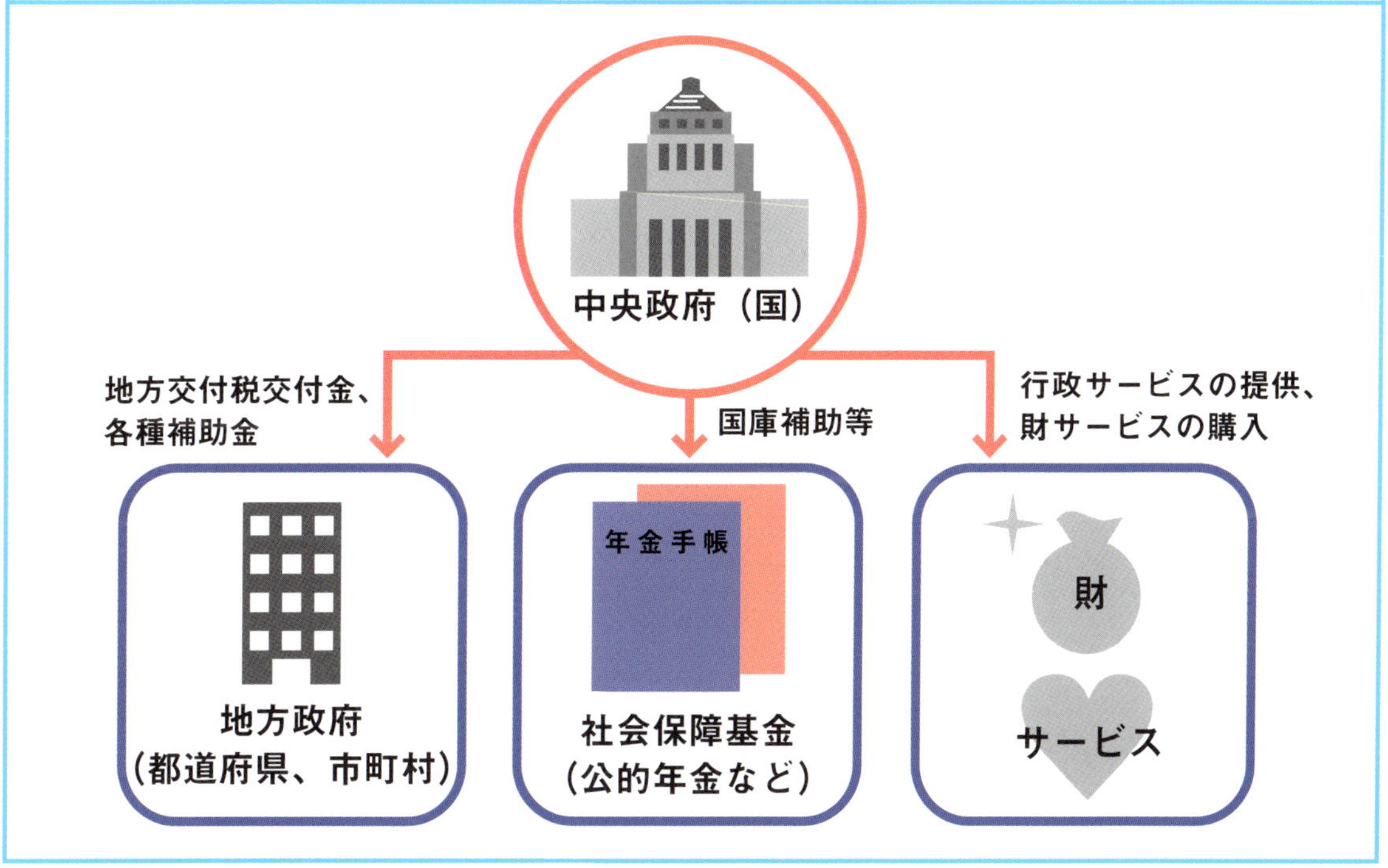

LECTURE
33

政府の役割

POINT 経済学における政府がはたす役割とは、民間任せにできないサービスの提供、所得格差の是正、経済安定化のための介入、将来世代への配慮の４つである。

政府の役割①

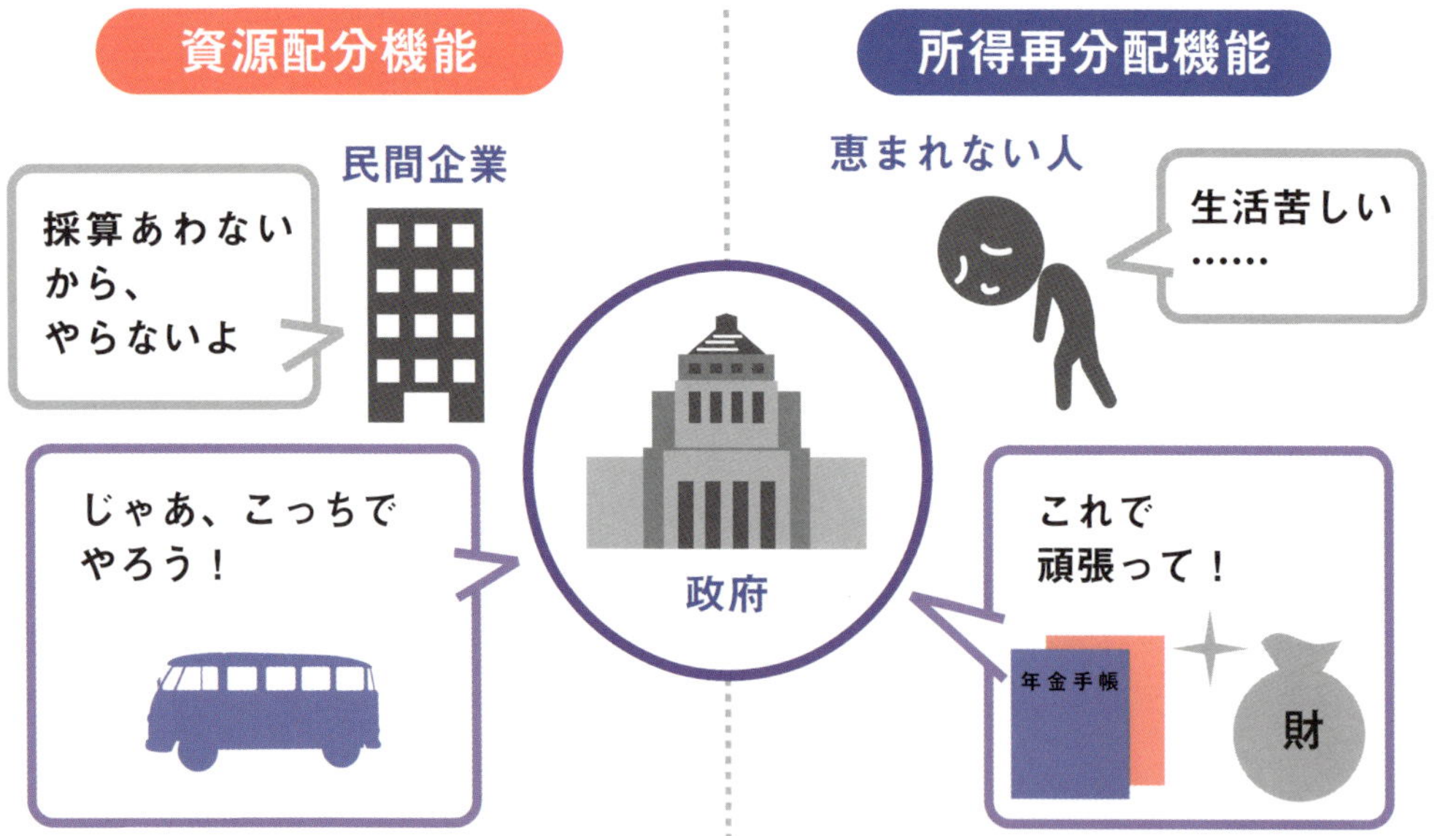

コミュニティバスの運営など、公共サービスの提供

生活保護、年金、雇用保険など社会保障の提供

政府が経済活動にはたすべき４つの役割①

経済学では、一般的に政府が経済活動にはたすべき役割として、以下の４つを挙げています。

①資源配分機能

社会資本や公共サービスは採算が取れず、民間任せでは社会的に望ましい水準まで供給されない可能性があります。

そのため、政府が適切に供給し、資源配分上の非効率な状態を解消する必要が生じます。

②所得再分配機能

人々の所得格差が拡大すると、社会全体の治安や秩序を維持し、経済活動を発展させるためにも、経済状態の恵まれた人から所得をある程度取り上げ、それを恵まれない人に再分配することが政府の政策目標となりました。

生活保護、雇用保険、医療保険や年金などの社会保障は、こうした考え方に基づいています。

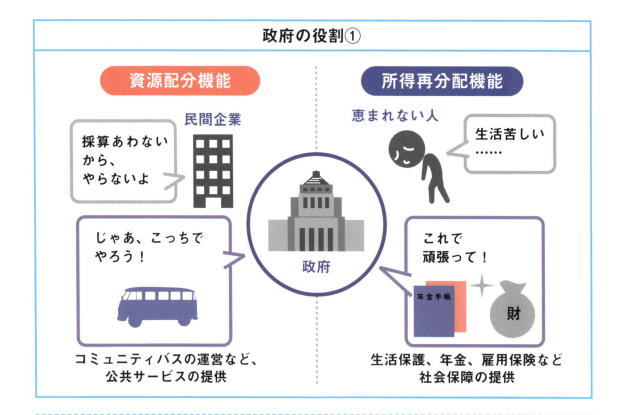

PART_0 経済学とは何か
PART_1 ミクロ経済学
PART_2 マクロ経済学

政府が経済活動にはたすべき4つの役割②

③安定化機能

国際金融不安、自然災害、国際テロなどの外生的なショックのために、経済活動が不況に見舞われた場合、政府がそのショックのもたらす悪影響を緩和するため、経済的に介入するのが望ましいと考えられます。

④将来世代への配慮

現在生きている人が自らの世代の利害のみを考慮して行動する場合、長期的な視点から見た最適な経済成長は実現しません。

たとえば、環境問題に適切に対応するには、将来を考慮できる政府による、公的な意思決定が不可欠となります。

PICK UP
もっと知りたい経済学

政府の役割は少ないほうがいいの？ 小さな政府（夜警国家）という考え方

社会の効率性を重視する人々は、政府の役割を公共サービスの供給や、市場メカニズムがうまく働かない場合の対応といった、必要最小限度の政策のみに限定するべき、という考え方を支持しています。

このような政府のあり方を、「小さな政府（夜警国家）」といいます。政府がいろいろなことに手を出すと予算の無駄遣いが増えるだけだから、夜警、つまり夜の防犯パトロールのような必要最小限度の仕事だけをすれば十分という考え方です。

政府の役割②

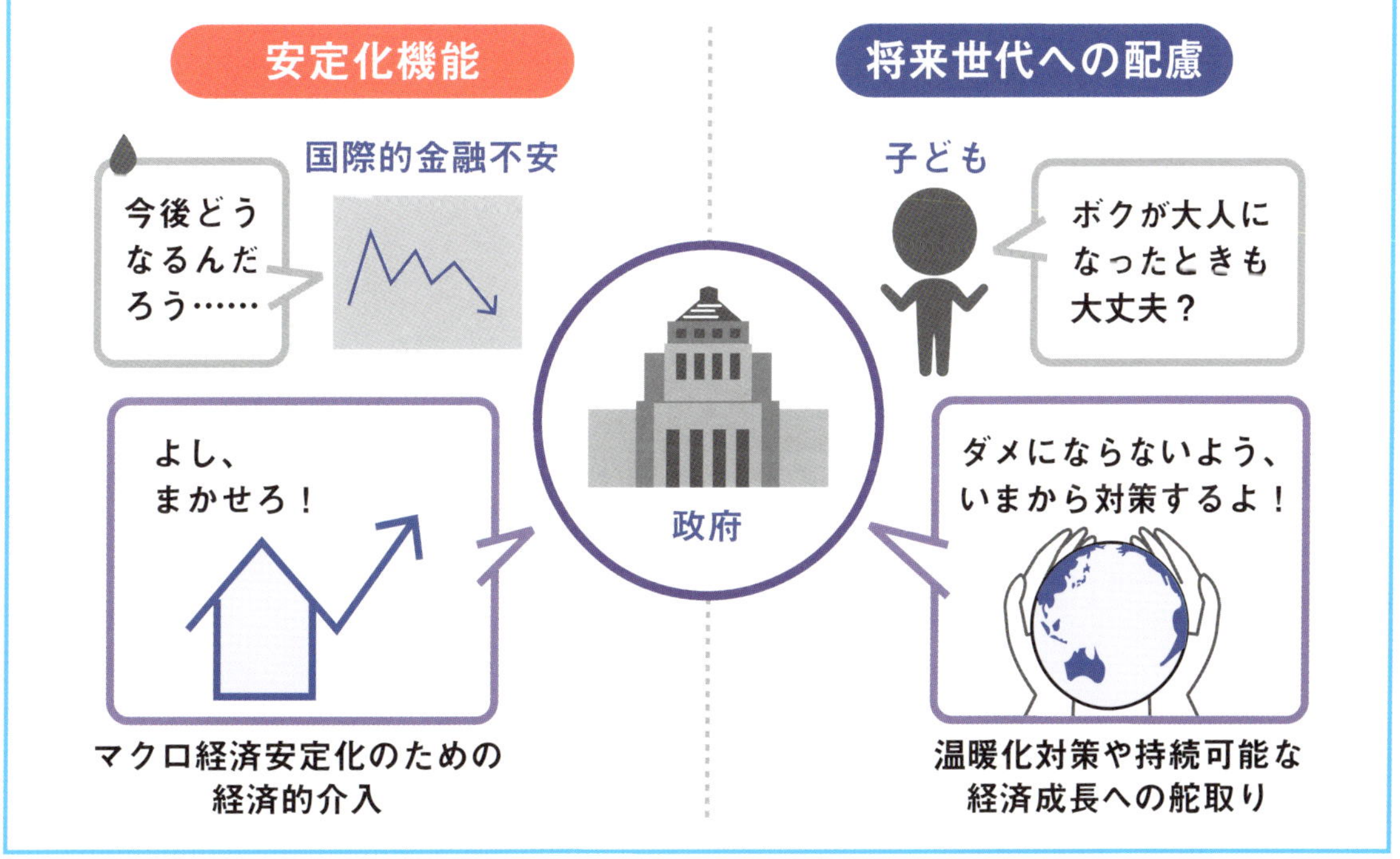
安定化機能
国際的金融不安
今後どうなるんだろう……
よし、まかせろ！
マクロ経済安定化のための経済的介入
政府
将来世代への配慮
子ども
ボクが大人になったときも大丈夫？
ダメにならないよう、いまから対策するよ！
温暖化対策や持続可能な経済成長への舵取り

LECTURE
34

乗数効果

POINT 乗数効果とは、政府支出の増加が消費・所得・需要を雪だるま式に増やす効果をもたらすことをいう。

政府支出増加と所得増加の関係

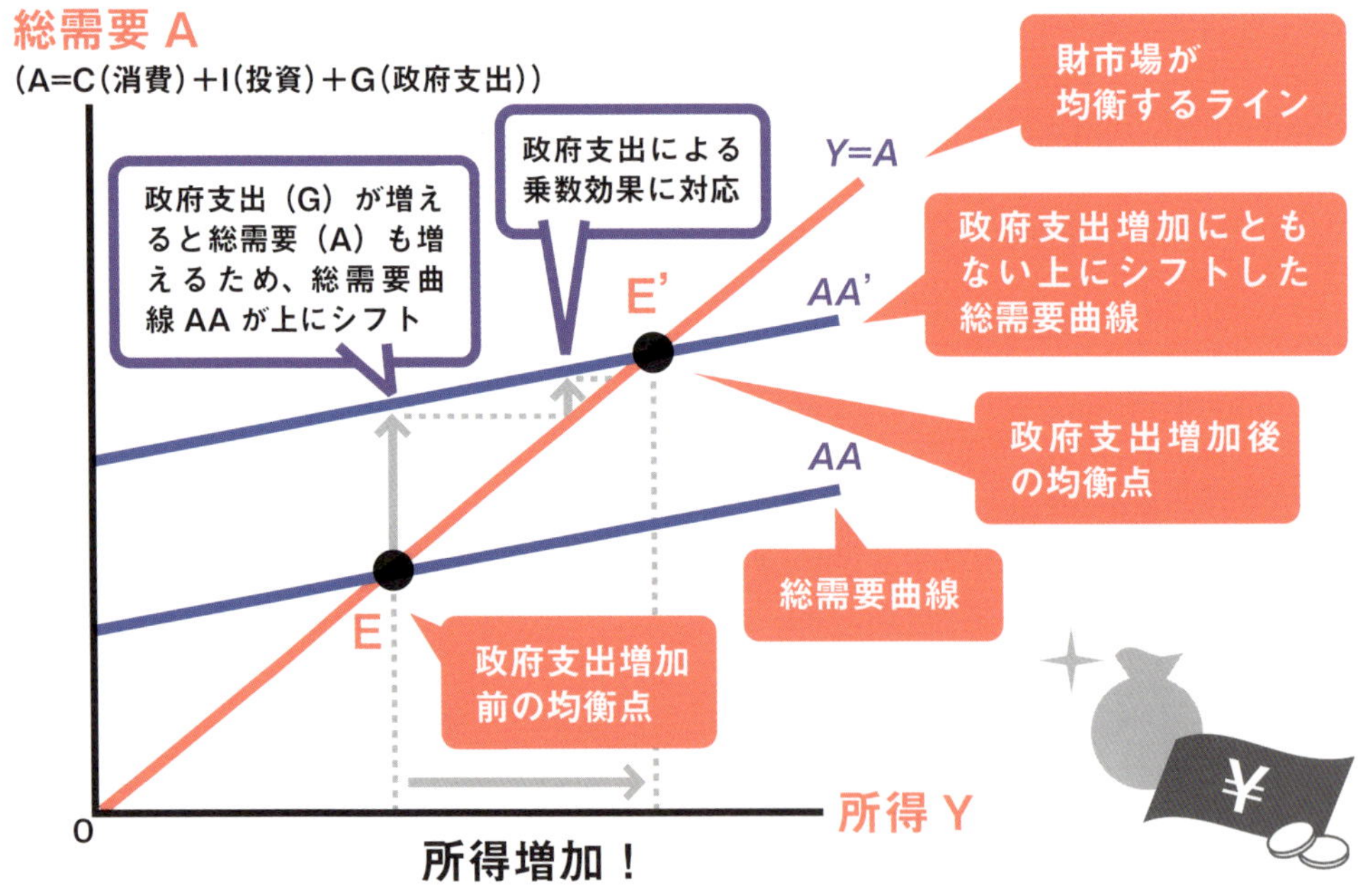

雪だるま式に所得を増やしていく政府支出

政府支出が経済におよぼす効果を、政府支出の**乗数効果**と呼びます。

たとえば、政府支出が1兆円増えたとします。すると、増加した分だけ所得が増加し、それに誘発されて消費も限界消費性向（所得が増えたときにどれくらい消費が増えるかの比率）に応じて増加していくことになります。

誘発された消費の増加は、需要の増加をもたらすので、さらに所得を増加させます。この所得の増加により、増えた所得に限界消費性向をかけあわせた分の消費がさらに増えます。

このように、政府支出を増やすことで所得が増加し、消費が増え、所得がさらに増えて……、と雪だるま式に需要が膨らんでいくサイクルを、乗数効果と呼んでいるのです。

CHECK
乗数効果による需要拡大の合計

政府支出による乗数効果発動時に増加する需要の合計

算式

$$1+c+c^2+c^3+\dots=1/(1-c)$$

解説

まず1兆円の政府支出が増加した分だけ所得も増加し、それに誘発された消費が限界消費性向c円だけ増加します。この誘発された消費の増加は財市場では需要の増加となるので、さらに所得をc円だけ増加させます。そして、このc円の所得の追加的な増加により、それに限界消費性向をかけあわせたc^2の大きさだけさらに消費が増加します。
こうした累積的な需要の拡大の合計が上記算式で表されています。

減税は経済にどのような影響を及ぼす？

減税も、同じく需要を増大させます。しかし減税には、可処分所得（手取り収入）を増やして消費を間接的に刺激する効果しかありません。減税した分だけ可処分所得が増加しても、家計は一部を貯蓄に回すため、それを省いた分しか消費は増えません。

もっとも、以降の乗数過程は政府支出の場合と同じです。

ちなみに、税収と政府支出をまったく同額分増加させる均衡予算の場合、常に政府が増税して支出した分と同じだけ国民の所得が増えます。

これを**均衡予算乗数の定理**といいます。

雪だるま式に需要が増える仕組み

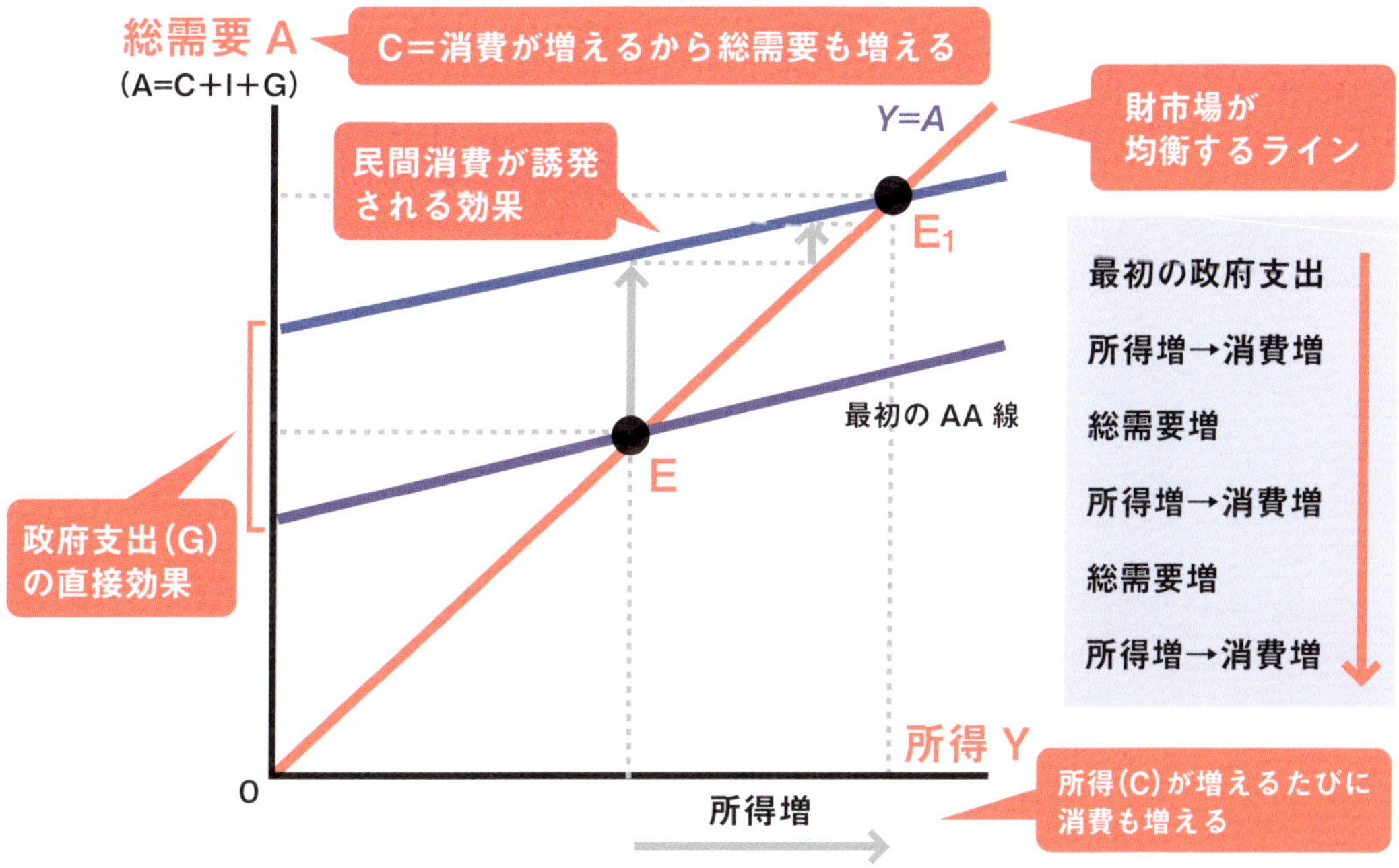

LECTURE
35

自動安定化機能

POINT 所得税制度や失業保険制度は、税収を増やすためや、失業者救済のためだけに機能しているのではなく、社会の安定にも寄与している。

所得税の自動安定化機能の例

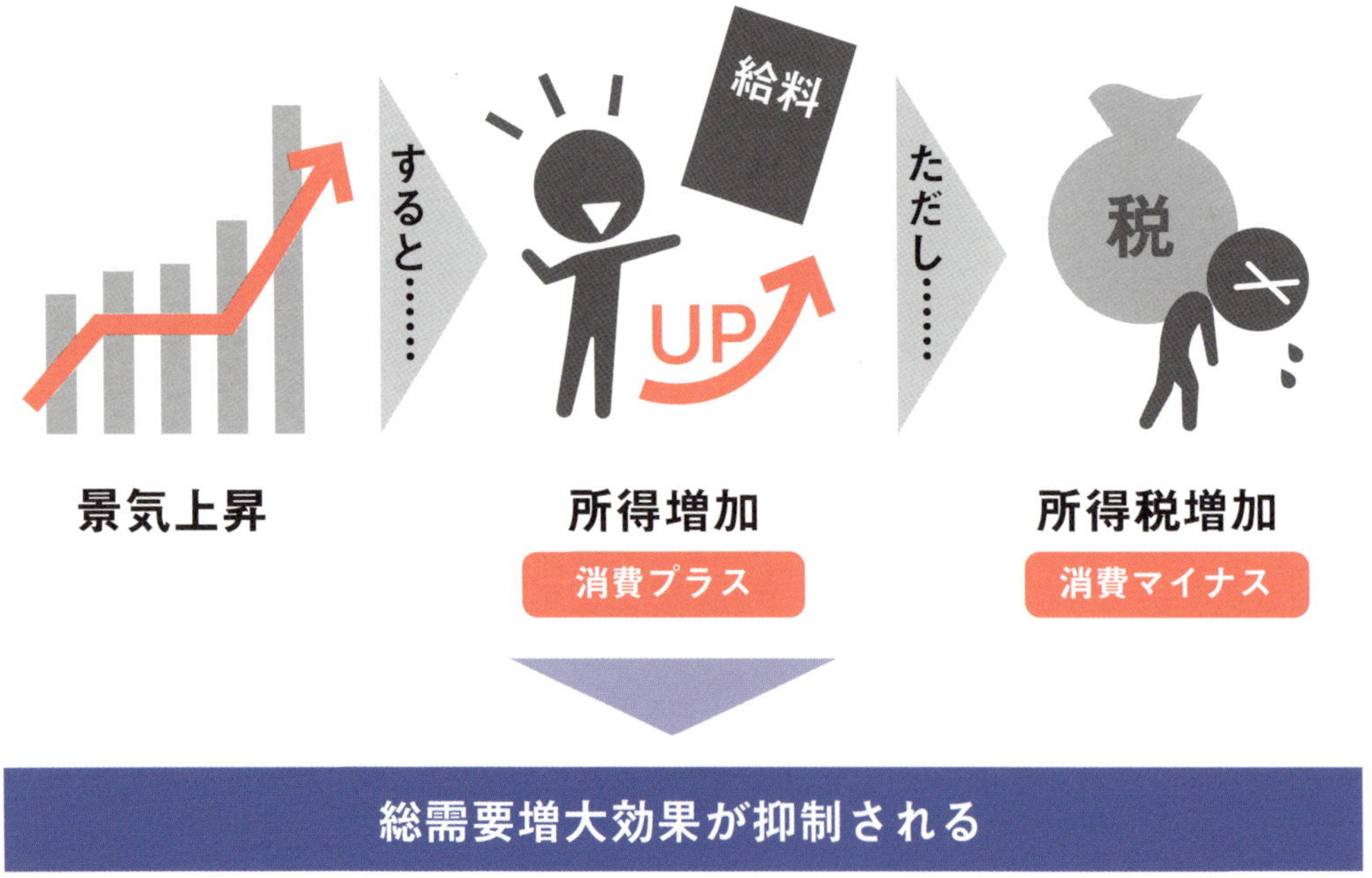

社会の安定性を維持する役割を持つ所得税制度

乗数効果は、高ければいいというものではありません。何らかの外生的なショックで所得があまりに大きく変動することは、社会の安定性の観点からは、望ましいとはいえません。

意外に思われる方もいるかもしれませんが、乗数効果の効き過ぎを抑えるもののひとつに所得税制度が挙げられます。これは**税制の自動安定化機能（ビルト・イン・スタビライザー）**と呼ばれます。

税制度が経済の安定性を維持するメカニズムとは

ではなぜ、税制度が経済の安定装置の役割をはたすのでしょう。

みなさんご存じのとおり、所得税は収入が増えるほど税負担が重くなります。何らかの理由で所得が増大しても、同時にその分だけ税負担が増大しますから、消費の増大の効果が相殺されることになります。

　この結果、総需要の増大効果が小さくなり、乗数効果を抑えることになるのです。

　失業保険などの社会保障制度も、同様の安定化機能を持っています。不景気で失業者が増えると、失業保険の給付が増大します。その結果、失業している人々の消費の落ち込みを最小限にとどめることにつながります。

　逆に、景気がよくなると失業保険の給付も減少するため、その分、消費の拡大を抑制し、景気が過熱し過ぎないように抑えます。

　平時であれば景気対策は自動安定化機能で十分ですが、マクロ経済環境が非常事態に入るときには、積極的な政府支出が求められます。

COLUMN

税制の自動安定化機能

GDPの変動を小さくさせマクロ経済活動を安定的にさせる

所得税や失業保険などの存在は、外生的なショックに対するGDPの変動を小さくさせるという意味で、社会を安定させる効果を持っています。

1930年代に発生した大恐慌のような景気後退は、第二次世界大戦以降、日本も含め世界の先進国の間ではあまり見られなくなりました。その理由のひとつに税制度や社会保障制度が整備され、景気が悪化するとこれらの自動安定化機能が効果的に働いたことが挙げられます。

失業保険の自動安定化機能の例

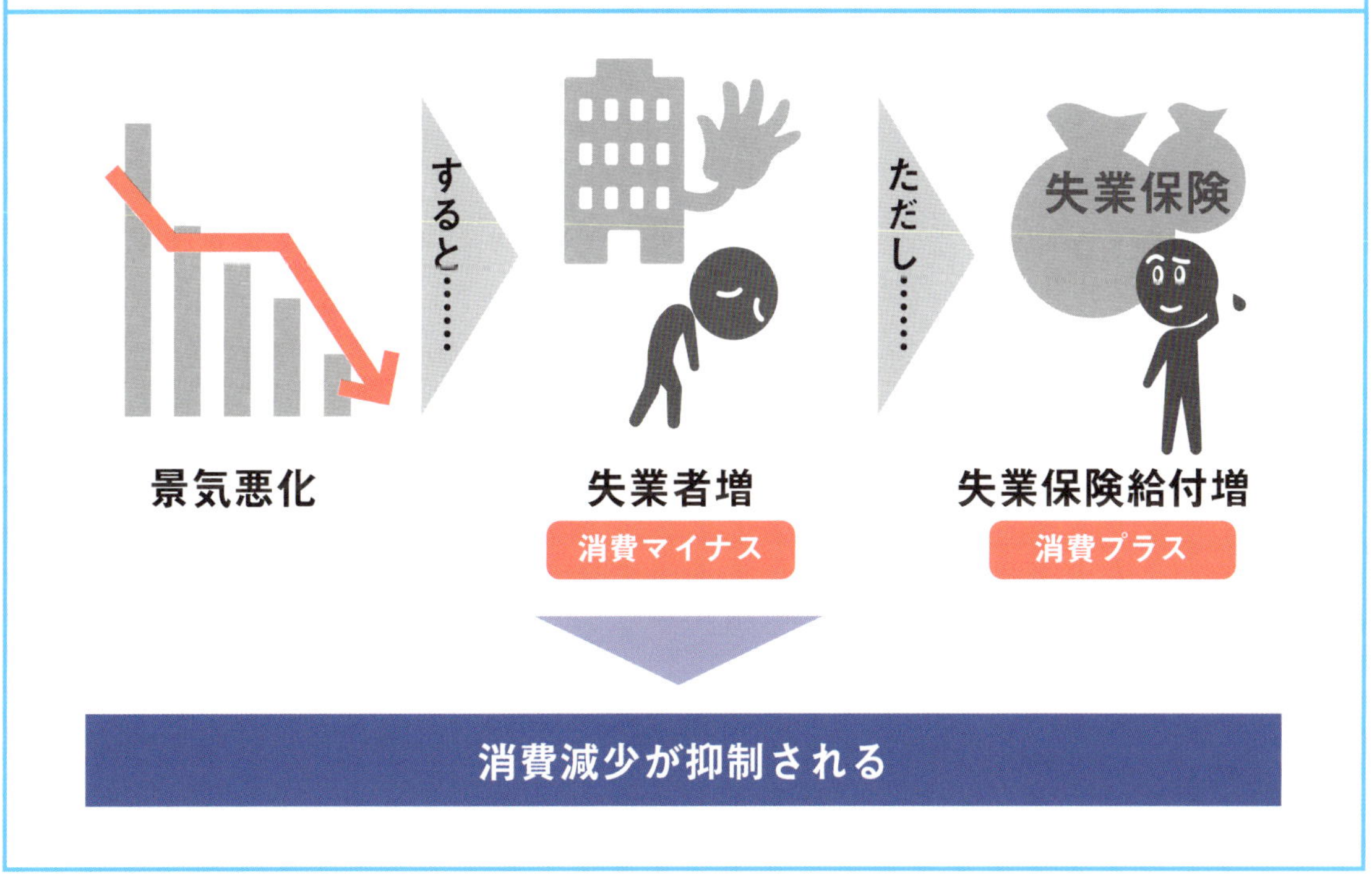

LECTURE 36

財政政策のIS-LM分析

POINT 財政政策（政府支出）を増やすと国民所得が増大し、貨幣需要も拡大する。その影響で貨幣市場における利子率も上昇する。

政府支出(G)が増大したときのIS-LM曲線

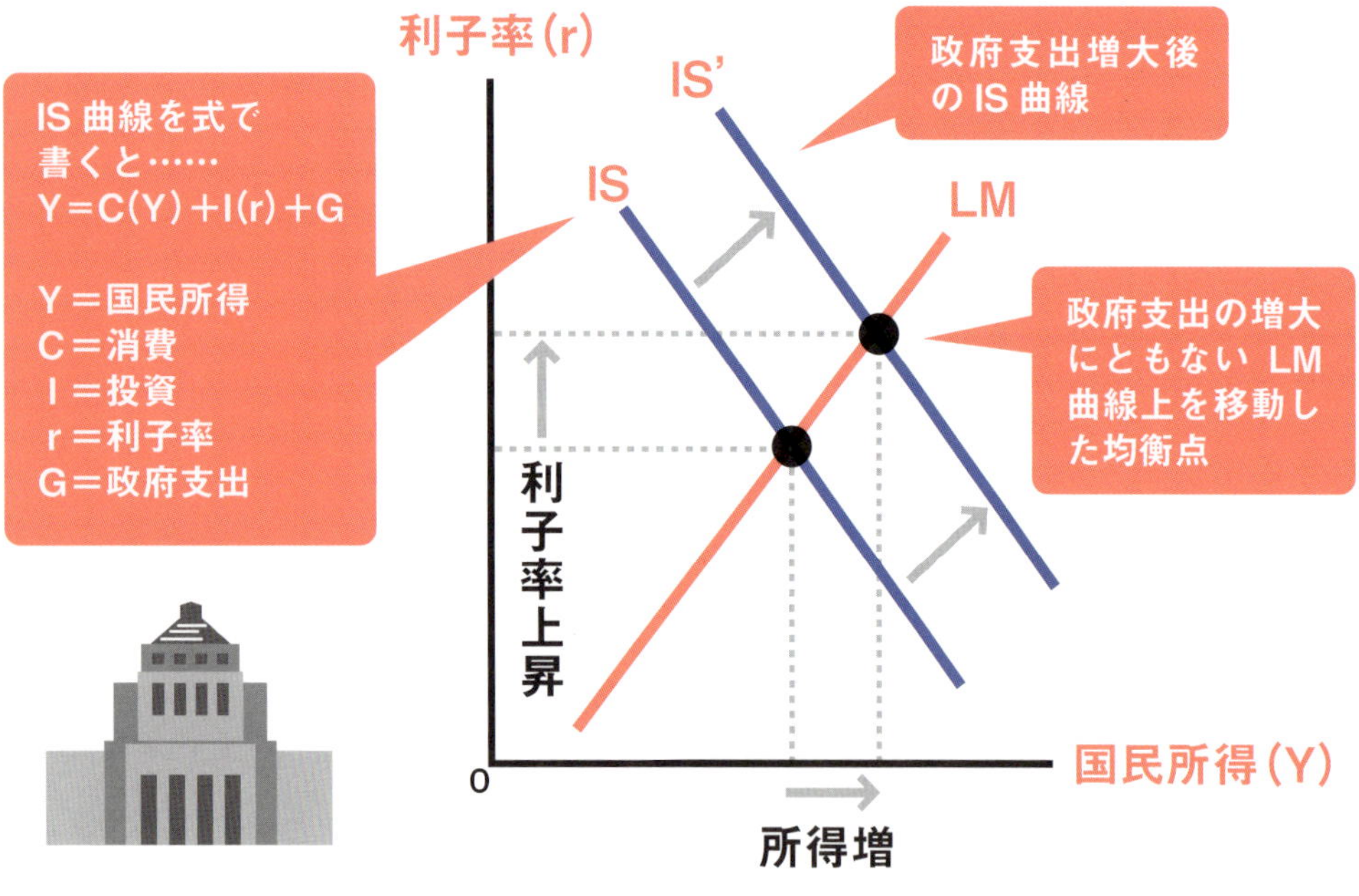

IS-LMモデルで読み解く政府支出の効果

財政政策（政府支出）がマクロ経済におよぼす効果を、64ページで扱ったIS-LMの枠組みを用いて分析してみましょう。

政府支出は、IS曲線（財市場を均衡させる国民所得と利子率の組みあわせ）をシフトさせるシフト・パラメーターになります（上図参照）。

政府支出が増大すれば、いままでの利子率では、財市場が超過需要になります。

財市場の均衡を維持するためには国民所得も増加しなければなりませんから、IS曲線が右上方にシフトして、IS、LM両曲線の均衡点は移動します。

政府支出が変化しても貨幣市場を扱うLM曲線はシフトしません。均衡点はLM曲線上を移動します。**国民所得は増大し、利子率も上昇**します。

PICK UP
もっと知りたい経済学

政府支出の増加により部分的に民間投資が抑制されるクラウディング・アウト効果

政府支出の増大により利子率が上昇すると、投資需要が抑制されます。これは、財市場では総需要を抑制する方向に働きます。ですから、利子率がまったく上昇しない場合よりも、国民所得に対する政府支出乗数の値は小さくなります。
政府支出による需要の拡張効果は、利子率の上昇によって部分的に相殺され、その分小さくなります。これを政府支出の「クラウディング・アウト効果」(押しのけ効果) と呼びます。

政府支出の増加が財市場と貨幣市場にもたらす影響

政府支出が増加して、財市場で超過需要になると、生産が刺激されて国民所得が増大し、取引需要が活発になります。取引需要が活発になるということは、その分お金を使う機会も増えるので、貨幣需要が拡大します。

したがって、いままでの利子率のままでは貨幣市場の均衡が取れず、貨幣市場で超過需要が発生します。このため、貨幣市場の均衡を回復するために利子率が上昇します。

貨幣供給が一定である以上、利子率が上昇して初めて貨幣需要が抑制され、貨幣市場の均衡が維持されるのです。

政府支出増加で起こること

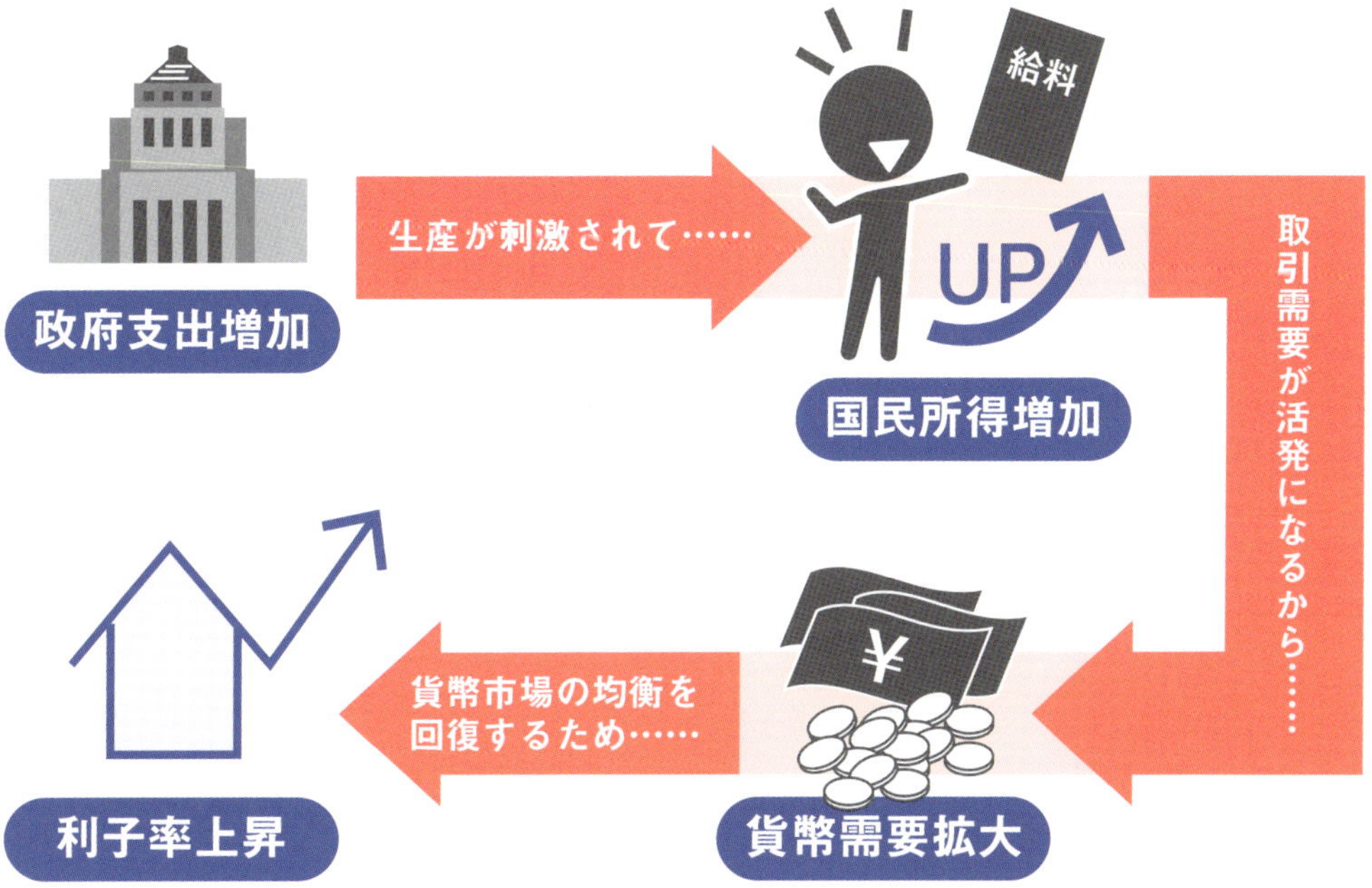

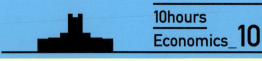

LECTURE
37

財政赤字

POINT ケインズ経済学では毎年財政収支を均衡させる必要はないが、完全雇用が実現したにもかかわらず支出が税収を上回る状態は問題と捉える。

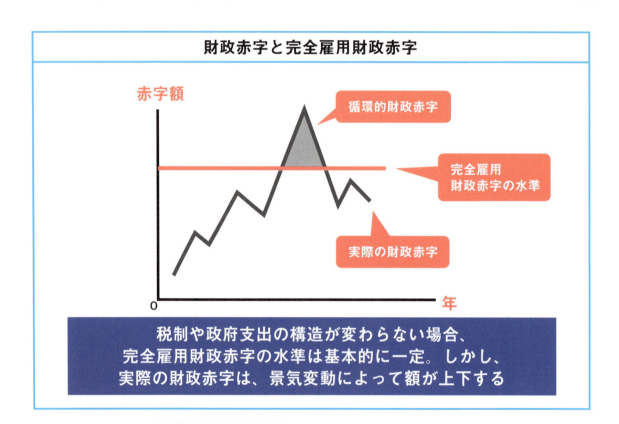

財政赤字と完全雇用財政赤字

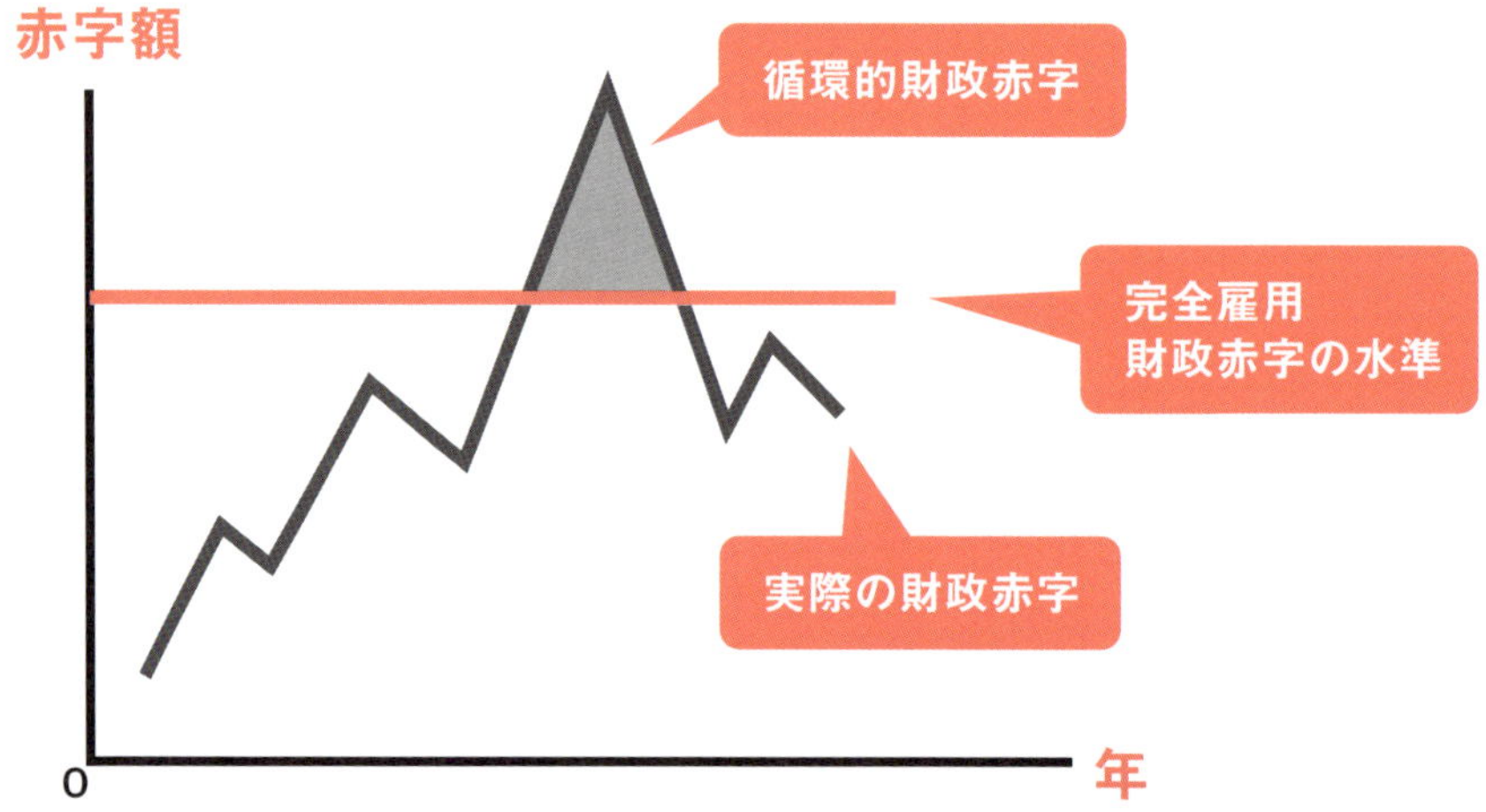

税制や政府支出の構造が変わらない場合、完全雇用財政赤字の水準は基本的に一定。しかし、実際の財政赤字は、景気変動によって額が上下する

財政赤字の中でも注意が必要な「完全雇用財政赤字」

ケインズ経済学では完全雇用を達成するよう総需要を管理することこそが重要な政策目標であり、必ずしも毎年財政収支を均衡させる必要はないとしています。

問題となるのは、**完全雇用財政赤字**の場合です。

これは、税制や政府支出の構造がいまの状態で変わらないと仮定して、完全雇用が実現した場合の税収を支出が上回っている場合をいいます。つまり、ケインズ経済学が目標とする完全雇用が実現しても、なおかつ財政赤字であるという状態が問題なのです。

政府の支出が常に一定であると考えると、赤字か黒字かは税収により決まります。完全雇用が実現すると国民所得が増えるため、税収も大きくなります。

実際の**財政赤字と完全雇用赤字との差額は「循環的財政赤字」**と

呼ばれます。

収入が支出を上回ってしまう基礎的財政赤字

また、借金の利払い以外の支出が税収を上回る財政赤字のことを**「プライマリーバランスの赤字幅」**＝**「基礎的財政赤字」**といいます。これは、「公債の新規発行額－公債の利払い費」に等しくなります。

基礎的財政赤字は、家庭でいうと収入から生活費を差し引いた額が赤字であること。その家庭は貯蓄の取り崩しや借金をして不足分を埋めなければなりません。

国も同じで、基礎的財政収支は財政収支が長期的に維持可能かを判断する基準としてとても重要です。

COLUMN

プライマリーバランス

20年以上もプラマリーバランスの赤字が続いている日本の現状

プライマリーバランス（基礎的財政収支）とは税収などの歳入と、利払い費を除いた歳出との収支のことです。歳入が上回ればプライマリーバランスは黒字に、逆に下回れば赤字となります。

日本では1990年代の初め頃からプライマリーバランスの赤字が続いている状況です。小泉政権や安倍政権など、プライマリーバランスの黒字化を目指す方針は何度も示されているものの、なかなか黒字化にはたどりつけないのが現状です。

基礎的財政赤字とは

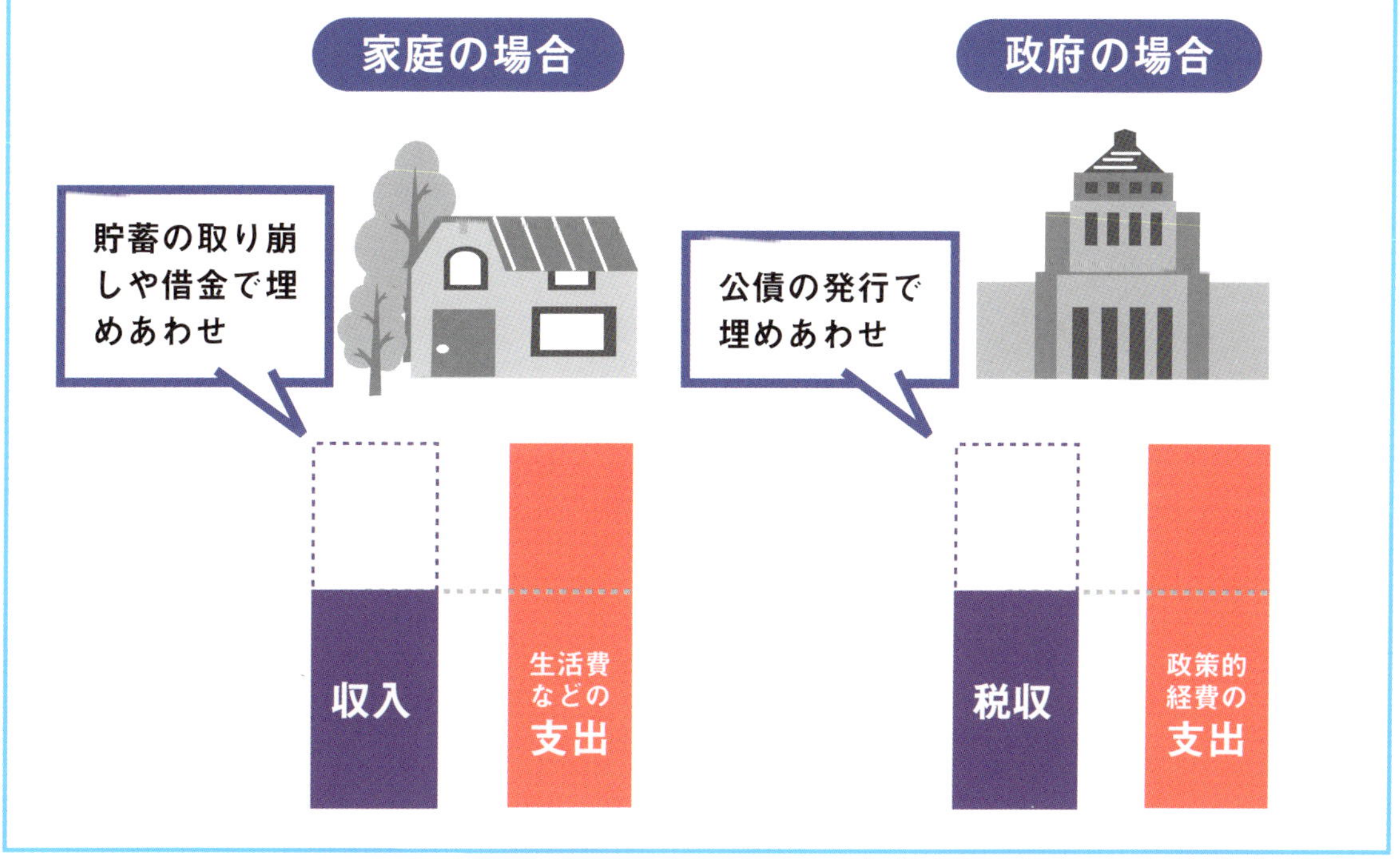

LECTURE 38

金融

POINT
資金不足の経済主体に対し、資金余剰の経済主体が資金を融通するのが金融。貸し手にとって、借り手の返済リスクを知るための情報収集が重要となる。

金融とは？

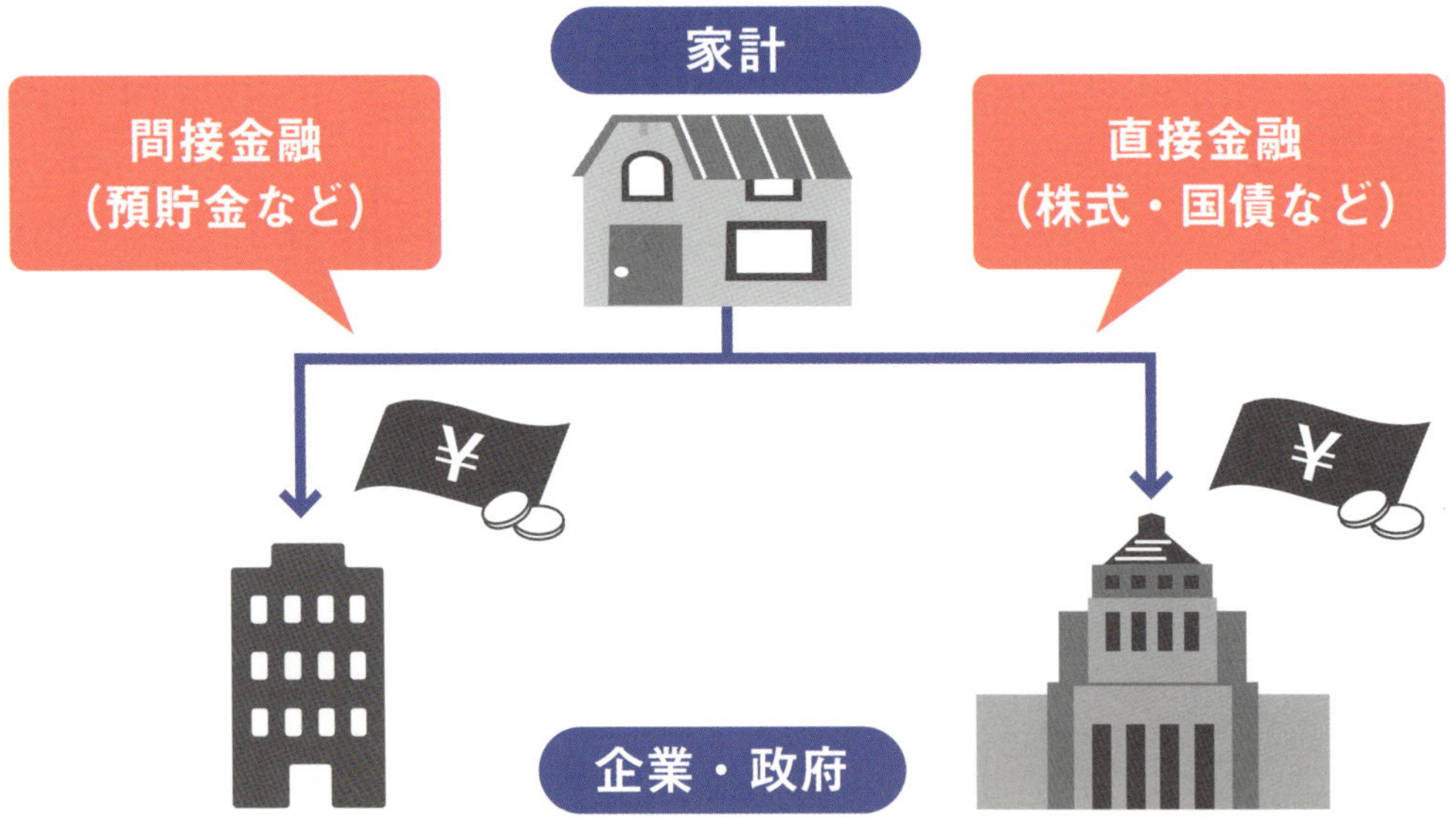

金融＝お金が不足しているところに、お金が余っているところが融通すること

金融の定義と金融取引における情報の非対称性

金融とは、**資金不足になった企業などの経済主体に対して、家計などの資金余剰の経済主体から資金を融通すること**です。

金融取引では、借り手の返済可能性の高さが重要になります。貸し手は、借り手がどの程度のリスクでその資金を利用しようとしているのか、よくわかりません。一方、借り手はどの程度のリスクがあるのか、自分のことなのである程度予想できます。借り手のほうが多くの情報を持ち、貸し手にはわかりにくい点で、情報の非対称性があります。

IS-LM分析から見る金融政策が総需要に与える効果

金融政策の総需要に与える効果について、IS-LMの枠組みを

PICK UP
もっと知りたい経済学

「情報」が重要なポイントとなってくるお金の貸し借り

貸し手はリスクの高い借り手には高い金利で資金を供給します。リスクが高ければ、貸した金が全額返済されないかもしれません。高い金利を設定して初めて、リスクのより大きい借り手に資金を供給できるのです。
しかし借り手は当然ながら、リスクを隠してでも、なるべく低い金利でお金を借りたいと考えます。ですから、貸し手が主体的な判断で、借り手の支払能力や支払努力に関する情報を的確に審査・分析・評価することが必要になります。

用いて分析してみましょう（下図参照）。金融政策として、中央銀行による貨幣供給の増加（お札を刷る量を増やした場合）を想定します。

貨幣供給が増加すると、ＬＭ曲線は右下方にシフトします。なぜかというと、いままでの利子率と国民所得のままでは貨幣市場で超過供給となるため、これを解消するためには利子率が低下して貨幣の資産需要を拡大させるか、または国民所得が増大して貨幣の取引需要を拡大させる必要があるからです。

財市場を扱うＩＳ曲線は貨幣供給を増加させてもシフトしません。新しい均衡点では以前の均衡点と比べて利子率が低下し、国民所得が増加します。このように、貨幣供給の増加は総需要を拡大させるのです。

貨幣供給が増大したときのIS-LM曲線

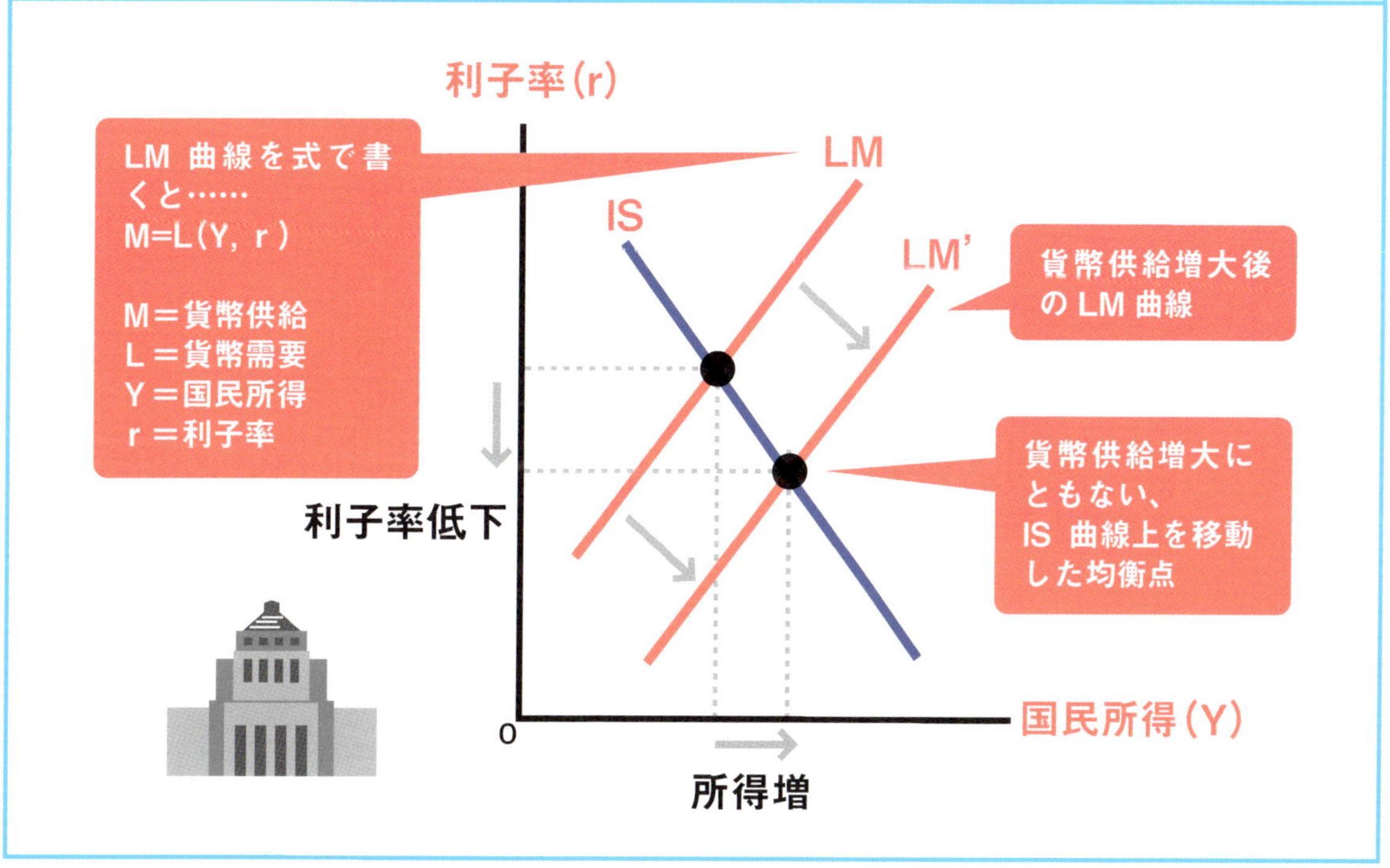

LECTURE
39

ハイパワード・マネーと信用創造

POINT
貨幣の供給は、中央銀行が直接コントロールできる貨幣「ハイパワード・マネー（マネタリーベース）」が重要な役割を担っている。

中央銀行のバランスシート

資　産	負債および純資産
・中央銀行貸出	・現金通貨
・債権保有	・銀行準備
・外貨準備	……
……	・資本金
	・準備金

（現金通貨・銀行準備）→ ハイパワード・マネー（マネタリーベース）

日本銀行

ハイパワード・マネーと預金準備率から見る中央銀行と市中銀行

ハイパワード・マネー（マネタリーベース）とは、中央銀行の債務項目である現金通貨に、市中銀行が中央銀行に預けているお金を加えたものです。

銀行は預金者の払い戻しに応じるため、お金を用意していますが、全預金額に相当する分を準備することは通常ありません。預金を貸出に回すからです。

中央銀行は市中銀行に対し、支払準備のための現金を中央銀行に預け金の形で保有するように求めています。預金全体に対する中央銀行への預け金の比率を「預金準備率」といいます。

「信用創造」という預金通貨の増加プロセス

預金準備率が10％として、銀行

に現金10億円が預金されたとします。銀行は10億円のうち1億円を中央銀行に預け、残り9億円は貸付に回します。

このとき銀行からお金を借りた企業は自分の口座に入金し、一部は支払などに回します。支払に回された分も、そのお金を受け取った企業が銀行に預けるので、貸しつけられた9億円は結局銀行に預金として戻ってきます。すると、銀行は預金9億円の1割を中央銀行への預け金に回し、残りは新たな貸付に回します。

このプロセスが繰り返されることで、銀行の口座に振り込まれる総額は、預金準備率の逆数倍に膨れ上がります。これを**信用創造**といいます。準備率10%なら、最初の預金である10億円の10倍、つまり100億円分の預金通貨が増加します。

PICK UP
もっと知りたい経済学

貨幣供給による景気刺激策があまり機能しなくなるケース

低金利で企業や家計の現金への選好が高まると、量的緩和政策（市場に出回る通貨量を増やす政策）によって供給されたハイパワード・マネーは、信用創造プロセスに十分に回らなくなります。タンス預金が増え、銀行の預金に回る量が減ってしまうからです。さらに企業が過剰債務の解消のために借入を積極的に返済し、銀行がリスクに敏感になり過ぎて高リスク企業への貸出を削減すると（貸し渋り）、貨幣供給の景気刺激効果はますます限定的になります。

信用創造とは？

	預　金	預金準備金	貸　付
A 銀行	10 億円	1 億円	9 億円
B 銀行	9 億円	9 千万円	8億1千万円
C 銀行	8億1千万円	8100 万円	7億2900万円
⋮	⋮	⋮	⋮
合計	100 億円	10 億円	90 億円

もともとの預金額、預金準備金、貸付金がそれぞれ10倍に増額。銀行への預入と貸出が繰り返されることで、お金がどんどん増える

LECTURE 40

中央銀行の役割

POINT 中央銀行が行う金融政策とは、貨幣供給をコントロールすることで、民間の経済活動水準や物価に影響を与えること。

中央銀行が持つ３つの機能

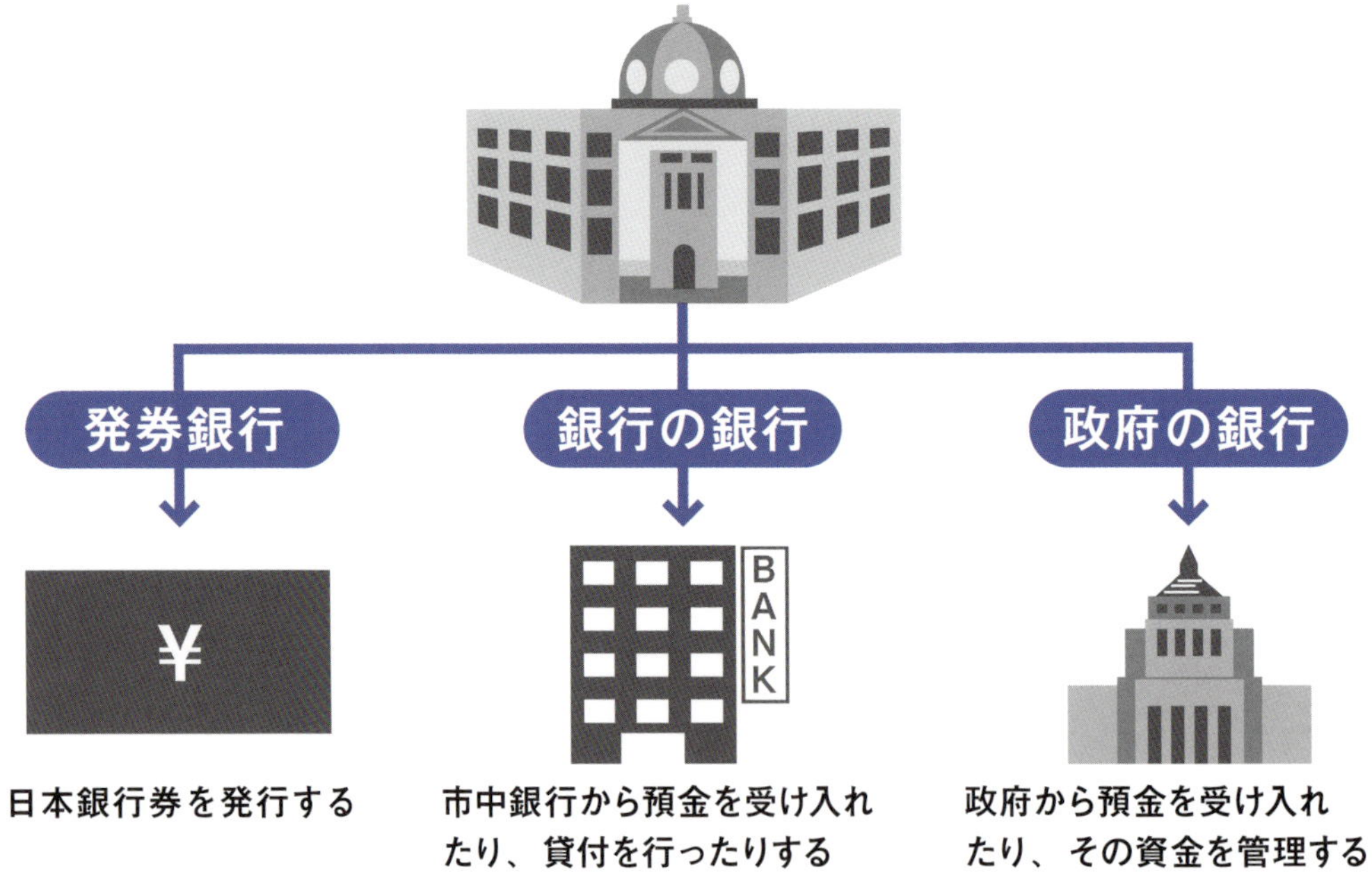
発券銀行
銀行の銀行
政府の銀行
¥
BANK
日本銀行券を発行する
市中銀行から預金を受け入れたり、貸付を行ったりする
政府から預金を受け入れたり、その資金を管理する

中央銀行による2つの金融政策「価格政策」「数量政策」

中央銀行は金融政策を決める重要な役割を持っています。この金融政策は、**価格政策**と**数量政策**のふたつに分類できます。

中央銀行は市中銀行に貸し出すことで市場に貨幣を供給しますが、貸出する際の基準金利の操作が価格政策の主なものです。貨幣供給を調整するということです。

景気が過熱気味のときなら金利を上げて貨幣供給量を絞り、物価が上昇し過ぎないように抑制します。逆に景気が悪いときには金利を下げて貨幣供給量を増やすよう調整します。

数量政策の2つの手法 公開市場操作と預金準備率操作

公開市場操作は、中央銀行が手形や債券を債券市場で売ったり

（売りオペ）、買ったり（買いオペ）することで、貨幣供給を操作することです。売りオペを実施すると、中央銀行は債券と交換に現金を市中から吸収することになります。市中銀行にとって手持ちの現金が減るため、銀行は企業や家計に対する信用の供与を減らさざるをえません。

　買いオペは中央銀行が手形や債券を買うことで市中に貨幣が供給されるため、逆に市中銀行の信用が拡張されます。

　預金準備率操作は前項目でふれた預金準備率を中央銀行が操作する手法です。中央銀行が準備率を下げれば、その分、預金通貨量が増えて、貨幣供給量が増えることになります。逆に、中央銀行が準備率を上げれば、市場の貨幣供給量を抑制する方向に働くことになります。

COLUMN

価格政策の効果

価格政策はどれほどの効果を持っているのか？

価格政策では中央銀行が市中銀行に貸出する際の基準金利「基準割引率および基準貸付利率」を直接操作して、貨幣供給を調整します。基準金利の変更がどれくらい効果を持つかは、経済状態によって変わります。

好況期には金利の引き上げは金融引き締めの効果を持ちますが、不況期には金利が引き下げられても市中銀行は中央銀行から資金をあまり借り入れようとしません。そのため、不況で金融が緩和しきっているときには、価格政策はあまり有効ではありません。

中央銀行の２つの金融政策

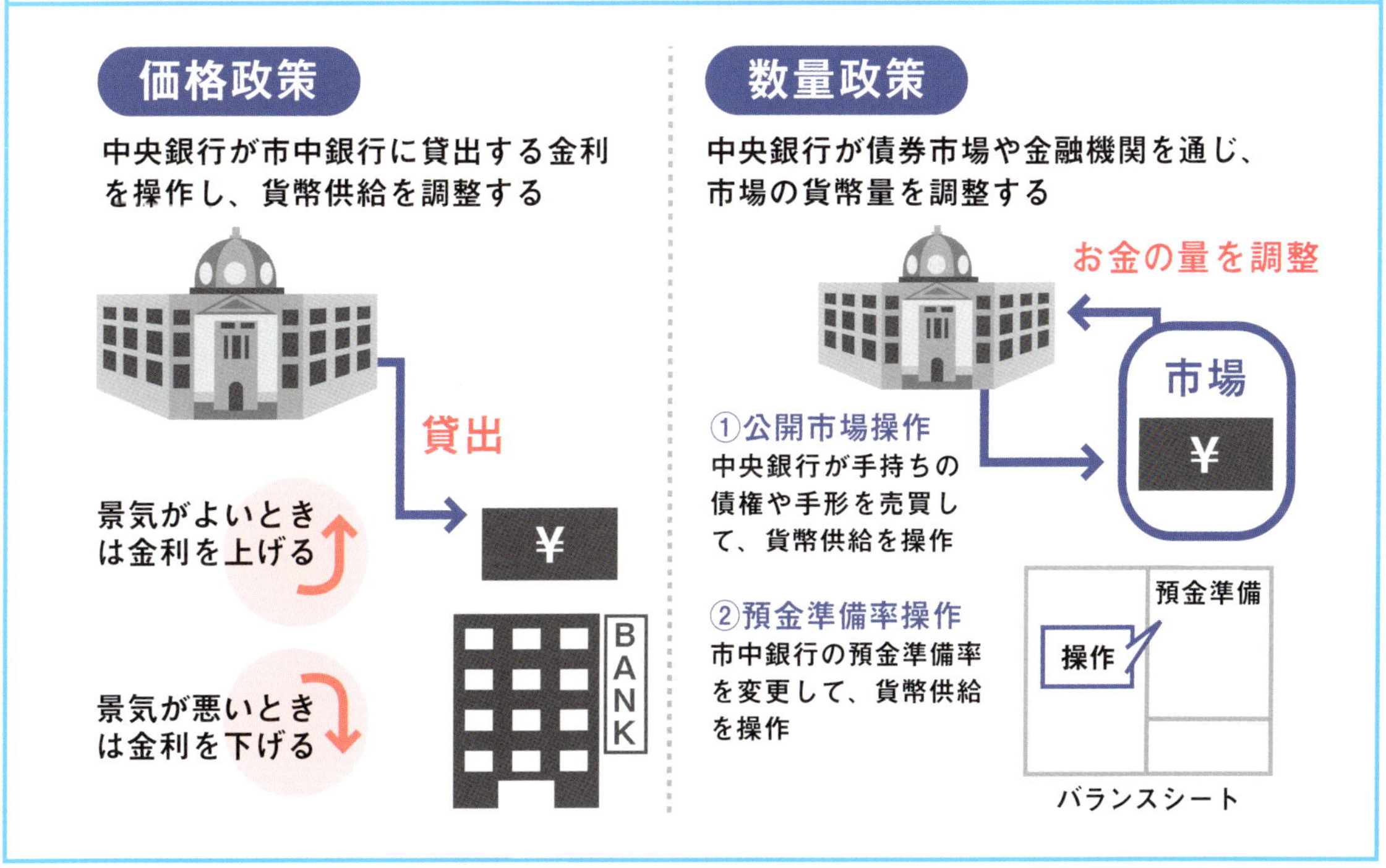
価格政策
中央銀行が市中銀行に貸出する金利を操作し、貨幣供給を調整する
貸出
¥
景気がよいときは金利を上げる
景気が悪いときは金利を下げる
BANK
数量政策
中央銀行が債券市場や金融機関を通じ、市場の貨幣量を調整する
お金の量を調整
市場
¥
①公開市場操作
中央銀行が手持ちの債権や手形を売買して、貨幣供給を操作
②預金準備率操作
市中銀行の預金準備率を変更して、貨幣供給を操作
預金準備
操作
バランスシート

LECTURE 41

インフレ

POINT インフレ問題を考えるときに指標となるのが、インフレ供給曲線とインフレ需要曲線である。その交点がマクロの均衡点となる。

インフレ率とGDPの関係は？

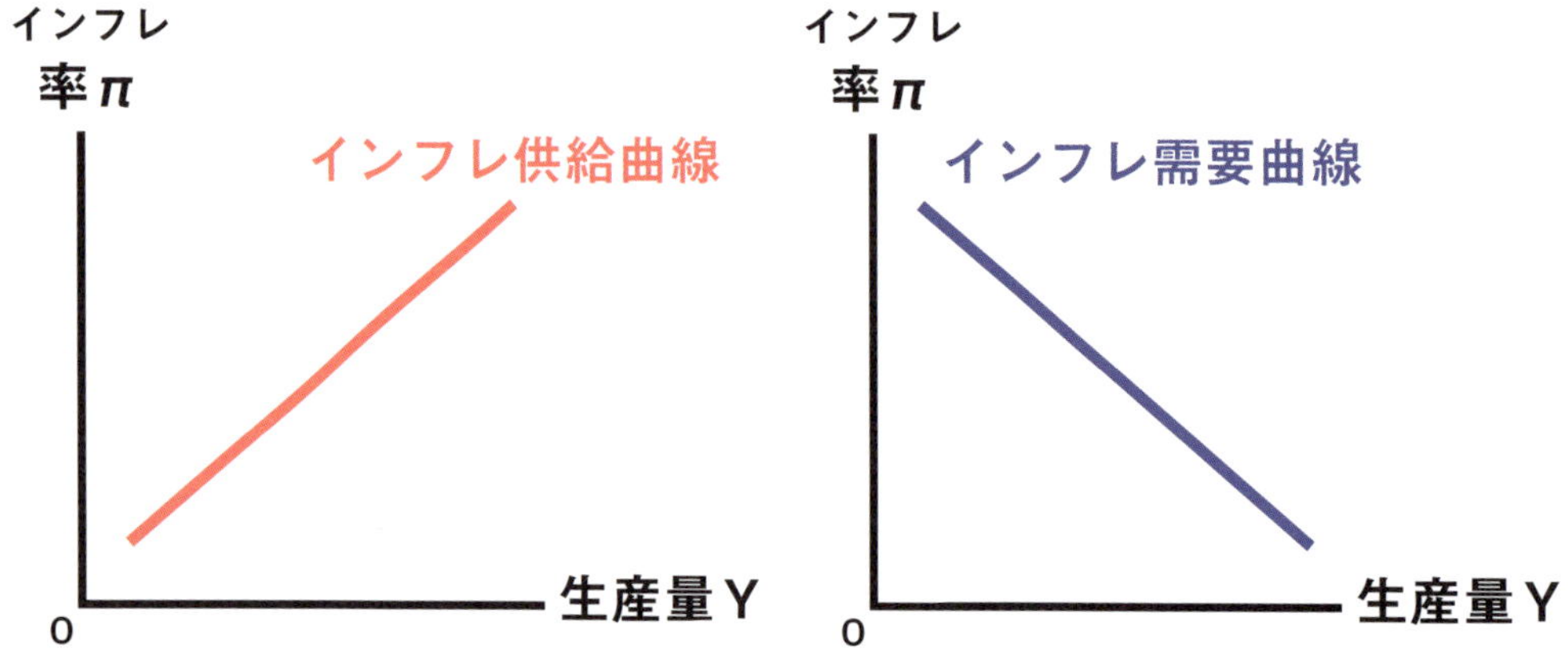

インフレ率が上がる
→生産量（供給）が増える

GDPが増加する

インフレ率が上がる
→需要が減る

GDPが減少する

インフレとGDPを供給サイドから見る「インフレ供給曲線」

インフレーションは、継続的に一般物価水準が上昇をつづける現象です。

反対にデフレーションは、継続的に一般物価水準が下落をつづける現象です。

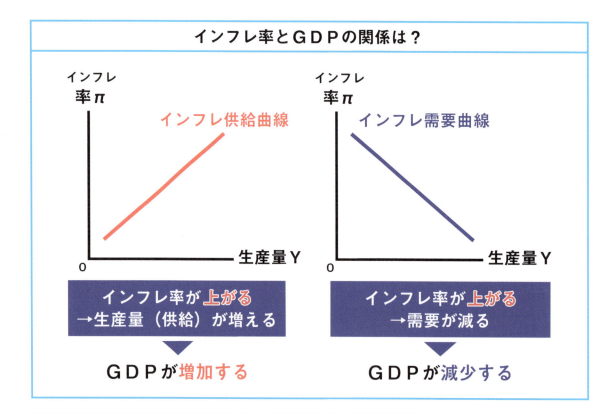

インフレの問題を考えるには、貨幣賃金率、失業率、政府支出、貨幣残高などの関係を考える必要があります。そこで指標となるのが、インフレ供給曲線とインフレ需要曲線です。

インフレ供給曲線は、「フィリップス曲線」「マークアップ原理」「オークンの法則」の3つから導き出します。

供給サイドから見ると、インフレ率の上昇は失業率の低下（雇用の増加）に結びつき、GDPを押し上げる要因になります。インフレ率とGDPは正の関係にあるため、インフレ供給曲線は右上がり

PICK UP
もっと知りたい経済学

フィリップス曲線、マークアップ原理、オークンの法則とは？

インフレ供給曲線は、次の３つから導かれます。

1. **フィリップス曲線**……賃金率と失業率との間に負の安定的な関係があることを示す曲線
2. **マークアップ原理**……賃金率と価格水準との間に一定の関係があり、賃金が上昇すると、価格も同じ率で上昇することを示した原理
3. **オークンの法則**……自然失業率と実際の失業率との差である「失業率ギャップ」と完全雇用 GDP と現実の GDP の差である「GDP ギャップ」の間にマイナスの関係があることを示したもの

になります。

インフレとGDPを需要サイドから見るインフレ需要曲線

反対に需要サイドからインフレ率とGDPの関係を見たのが**インフレ需要曲線**です。

GDPは、名目貨幣供給の増加率からインフレ率を引いた実質貨幣残高、そして政府支出の増加率と正の相関関係があります。インフレ需要曲線はこの関係を表したものです。

ここでは、インフレ率が低いほどGDPの増加率が高くなり、インフレ率とGDPは負の相関関係にあることになります。そのため、右ページの図のように、インフレ需要曲線は右下がりの曲線になります。

マクロ一般均衡モデルのインフレ率とGDP

政府投資が増加または名目貨幣の供給率が増加すると？

完全雇用 GDP 水準が増加すると？

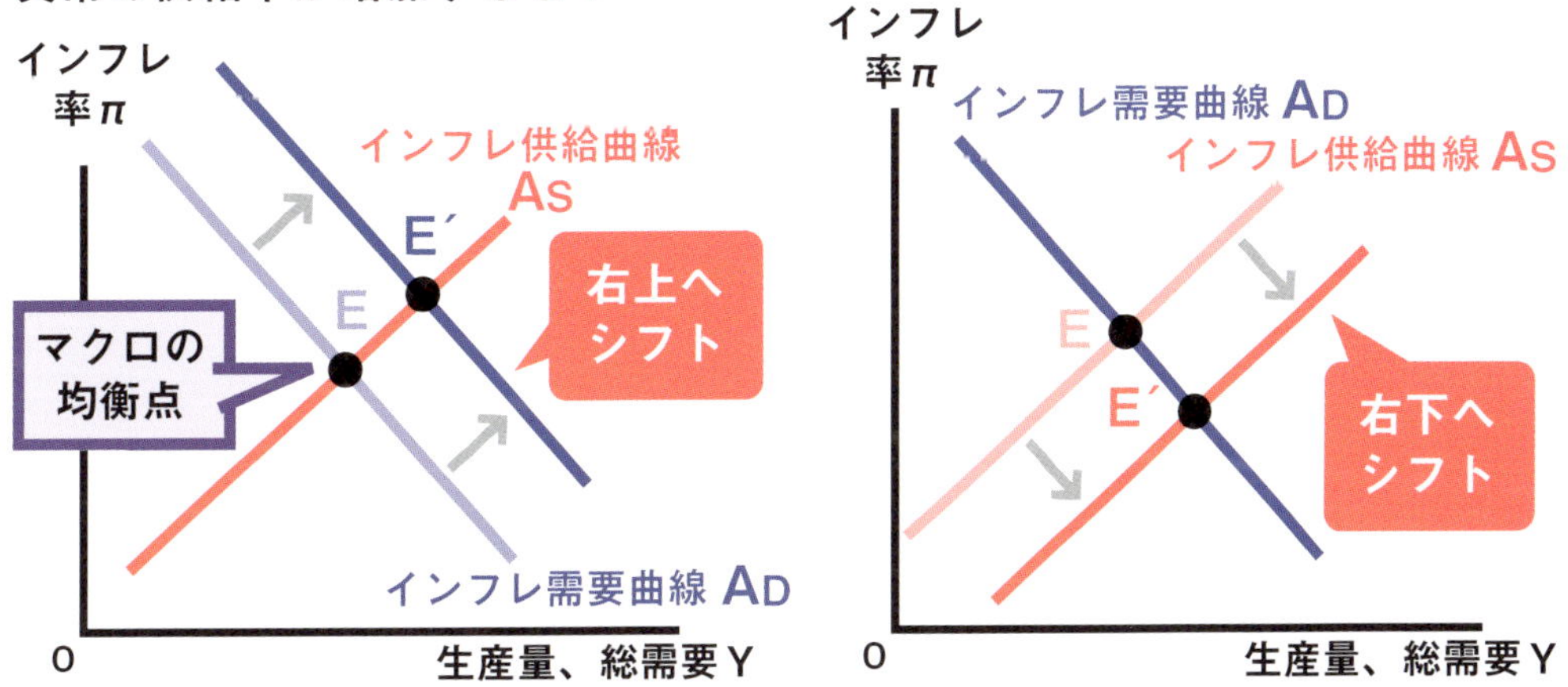

GDPが増加しインフレ率も上がる

GDPが増加するがインフレ率は低下

LECTURE 42

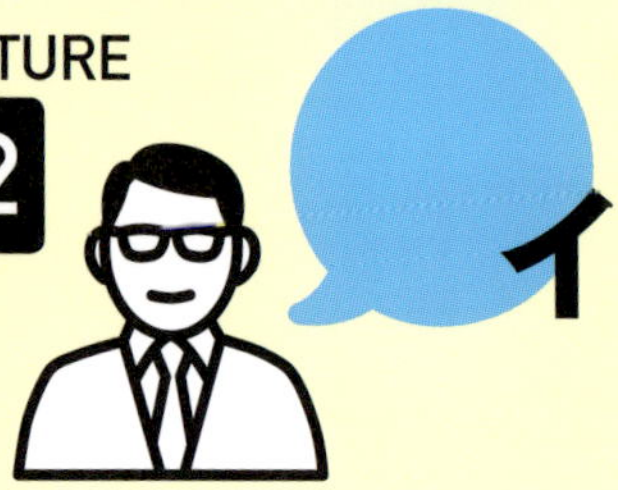

インフレ期待

POINT インフレがつづくだろうという予測がある（インフレ期待）と、同じ率だけ現実のインフレ率を上昇させる圧力を生むことになる。

拡張的な財政金融政策の短期的な効果

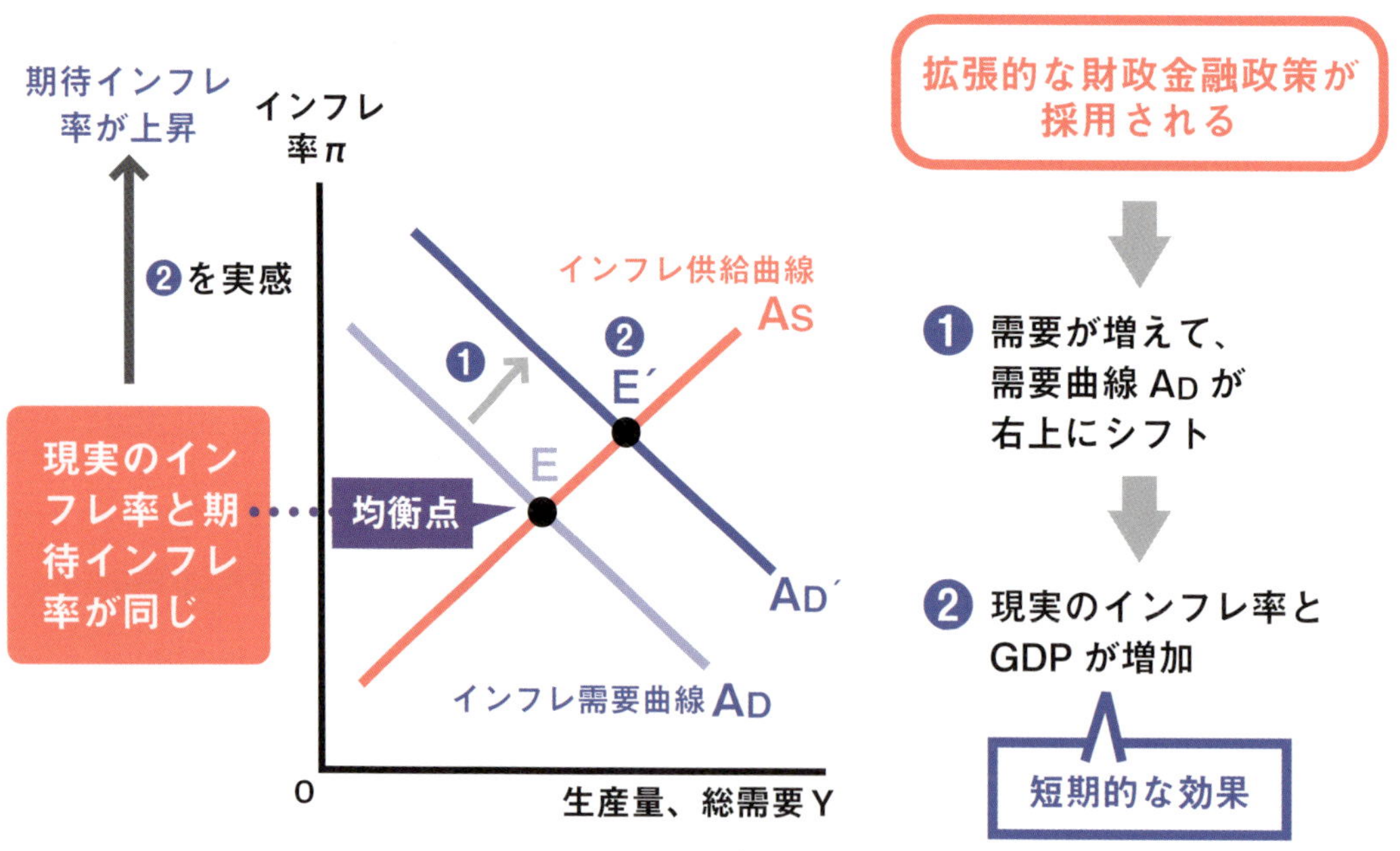

インフレがつづくと予想されることをインフレ期待という

インフレ率プラスの状態が長くつづき、物価が上昇しつづけていれば、当然、民間の経済主体はインフレがつづくだろうと予測し（**インフレ期待**）、その予測のもとで行動を決めるでしょう。

インフレ期待を導入すると、労働市場の状態が同じであったとしても、インフレ期待の大きさ次第で、賃金率の動向も変わっていくことになります。

インフレ期待は経済にどのような影響を与えるのか

インフレ期待がある場合、名目賃金率がそれに見あって上昇しないと、実質的には賃金率が低下したと人々は考えます。

これに対して、インフレが予想されていない場合は、名目賃金率の上昇がそのまま実質賃金率の上昇になると考えます。

貨幣錯覚（貨幣の評価を実質で見ずに形式的な額面だけで見ること）がなければ、インフレ期待があるとき、労働者はより大きな名目賃金率の引き上げを求め、企業も実質賃金率の動向が経済変数として効いてくる以上、賃上げを認めることになります。

逆に、人々がデフレを予想しているときには、名目賃金率が下落しないと実質賃金率は上昇すると考えるようになります。

したがって、貨幣錯覚がなければ、期待インフレ率の大きさはそのまま貨幣賃金率の上昇に反映されます。

またGDPギャップが変化しなければ、期待インフレ率の上昇は、同じ率だけ、現実のインフレ率を上昇させる圧力を生みます。

CHECK
フィッシャー方程式

インフレ期待が上昇すれば名目利子率が一定であっても実質利子率が低下する

算式

$$\text{名目利子率} = \text{実質利子率} + \text{期待インフレ率}$$

解説

インフレ期待とインフレ需要曲線との関係を考えるときやマクロ経済政策の効果を分析するときは、このフィッシャー方程式が前提になります。

名目利子率が同じであれば、インフレにより将来の貨幣の価値が相対的に下がるので、インフレの期待分だけ利子の負担が下がります。このことが投資を刺激し、総需要を増加させる効果を持っています。

拡張的な財政金融政策の長期的な効果

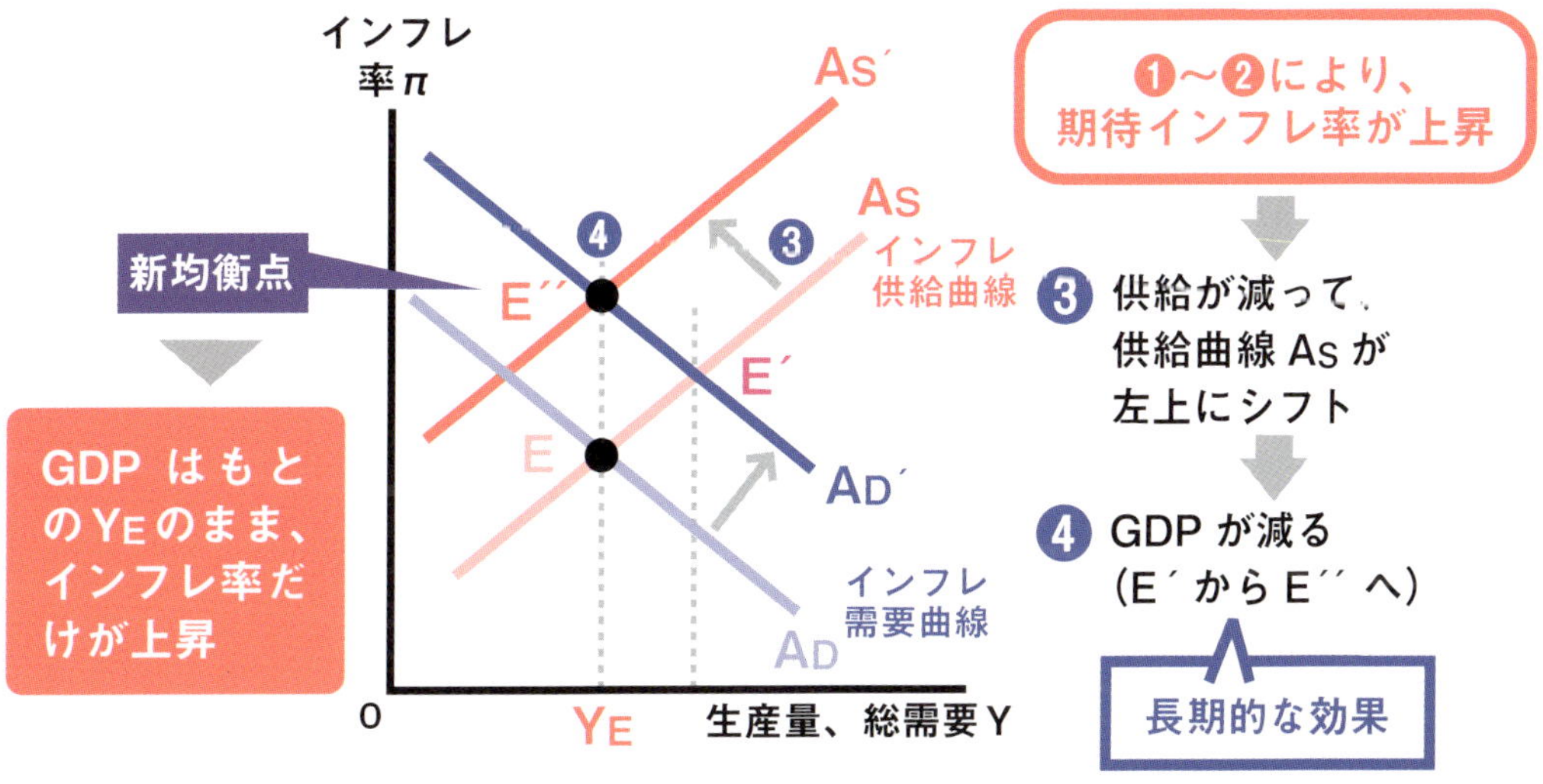

拡張的な財政金融政策によって短期的にGDPが増えるが、期待インフレ率が上がることで、長期的には効果が薄れる

LECTURE
43

よいインフレと悪いインフレ

POINT 好況下で生じるのは、よいインフレ。一方、不況下でも生じるのは悪いインフレである。ハイパー・インフレも悪いインフレの一種。

日本のインフレ率の推移

※消費者物価の前年比は、消費税調整済み。数値は生鮮食品を除く。

出所：総務省

日本銀行は2013年４月から異次元緩和政策を採用し、２％のインフレ目標を実現すべく金融面からテコ入れしている。しかし新しい経済成長への戦略は描ききれていない

デフレから脱却して緩やかなインフレを目指す日本経済

日本経済は、戦後50年のあいだ、ほぼ一貫してインフレを経験してきました。１９７０年代の石油ショックのときには、年率20％以上の高いインフレも経験しました。そのため、この時期はインフレ抑制が望ましい政策目標とされていたのです。

しかし、１９９０年代に入ると一般物価水準が下落傾向を示し始め、先進諸国でもまれなデフレを長期間経験しました。

最近では緩やかなインフレこそが望ましいとして、日本銀行は２％程度のインフレ率実現を政策目標としています。

不況下で起きるインフレは「悪いインフレ」

ひと口にインフレといっても、

PART_0 経済学とは何か
PART_1 ミクロ経済学
PART_2 マクロ経済学

COLUMN

デフレとインフレターゲット論

デフレはなぜ悪者とされているのか？

デフレになると、物価の下落により、何が起こるのでしょう。①企業にとって、借入金の実質的な金額が増加。②名目賃金が下落すれば、実質賃金はあまり増えない。③家計では消費を先に延ばしたほうが得なため、消費意欲が低下する。

これらの効果のために総需要は低迷し、マクロ経済も活性化されません。

そこで、デフレからの脱却策として注目されているのがインフレターゲット論。これは中央銀行が2～3％程度の緩やかなインフレ目標を設定して、それを実現させるために、積極的な金融政策を実施するものです。

需要量（ディマンド）の増加に対して生産量が追いつかないために生じる「**ディマンド・プル・インフレ**」と、賃金や原材料費・燃料費のコスト（費用）上昇率が労働生産性の増加率を上回ることによって生じる「**コスト・プッシュ・インフレ**」に大別することができます。

　前者は好景気のときに生じるので、よいインフレといえます。

一方、後者は不況でも生じる悪いインフレ（スタグフレーション）です。

　インフレ率が加速するにつれ、100％を超える猛烈なスピードで上昇する「ハイパー・インフレ」は、経済活動を混乱させる悪いインフレの典型です。

　激しいインフレもデフレも、円滑な経済活動には望ましい現象ではありません。

よいインフレと悪いインフレとは

よいインフレ

ディマインド・プル・インフレ

需要の増加に対して生産量が追いつかないために生じる

好況で生じる

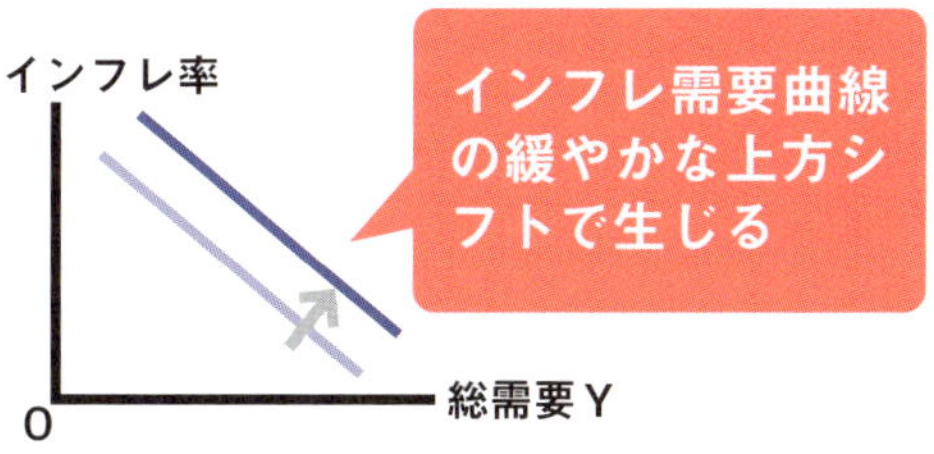

悪いインフレ

コスト・プッシュ・インフレ

コスト（費用）上昇率が労働生産性の増加率を上回るために生じる

不況でも生じる

LECTURE 44

バブル経済とその崩壊

POINT 1980 年代後半に、地価と株価が急激に上昇し、バブル経済に突入。しかし、1990 年代初頭にバブル経済は崩壊した。

バブル経済はなぜ生じたのか

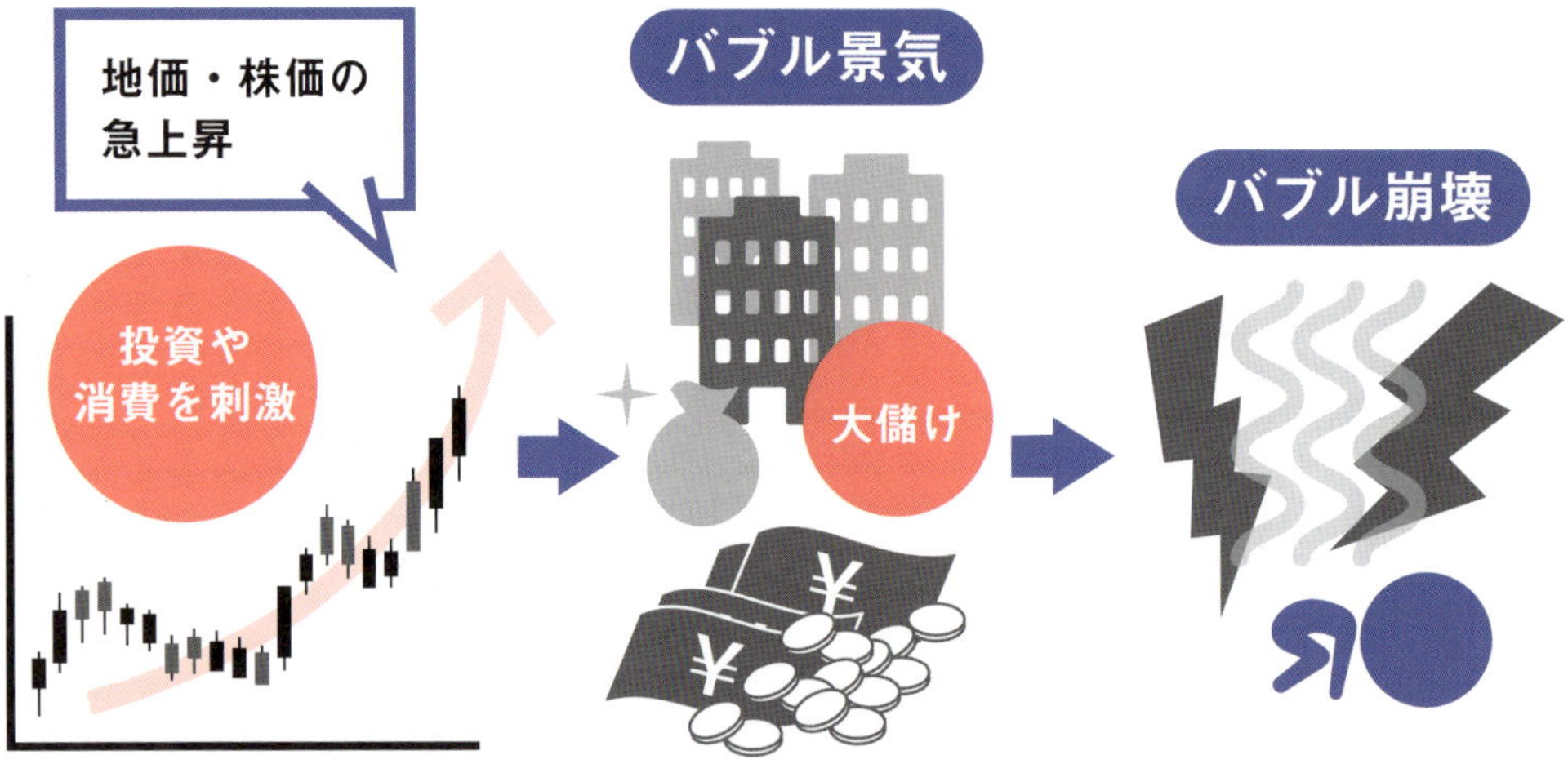

資産価値の理論値（＝ファンダメンタルズ）と現実の資産価値との乖離がバブルの正体。どこかの時点で必ずバブルは崩壊する

地価と株価の急激な値上がりによって「バブル経済」へ

日本経済は、１９８０年代後半に地価と株価が急激に値上がりすることによる「**バブル経済**」に突入しました。

１９８８年中に生じた土地のキャピタル・ゲイン（値上がり益）はその年のＧＤＰの45％にも相当し、株式のキャピタル・ゲインも、対ＧＤＰで見てほぼ同額の53％になりました。

このような巨額の資産の増加は、この時期の投資や消費を刺激し、景気を支える大きな役割をはたしたのです。

資産の理論値と現実の値との差がバブルの正体

90年代に入ると「**バブルの崩壊**」が起きました。高金利政策や景気の減速を反映し、株価や地価が急

COLUMN

失われた20年

バブル崩壊以後、日本の経済成長が鈍化したのは？

1990年代以後、日本の経済成長は鈍化しました。この20年あまりを「失われた20年」と呼ぶ人もいます。21世紀の大きな政策課題は、マクロの経済成長を引き上げるための、いわゆる「成長戦略」です。その手法には、生産性の向上（イノベーション）と国際化（オープン・グローバル化）が考えらます。特に農業、医療、流通など、生産性の低い分野での規制改革を大胆に推し進め、これらの分野での生産性を上昇させることができれば、日本全体の生産性の底上げと新たな成長が大いに期待できます。

落。資産価格の低下によるマイナスの資産効果が景気の足を引っ張ったのです。地価と株価の値下がりが連鎖反応を引き起こし、**信用不安**が加速され、マクロ経済活動も低迷しました。

金融機関の破綻《はたん》も相次ぎ、次第に不良債権処理が本格化。金融機関に多額の税金をつぎ込む是非が政治問題化しました。

こうした**金融不安**の原因は、80年代に土地を担保に行われた多額の融資が、90年代の地価の下落により焦げつき、不良債権化したことによります。

資産価格の理論値と現実の値とのギャップがバブルです。バブルはネズミ講のようなもので、他人の資金を先に借りた人が返済を先送りする状況に似ています。無限に参加者が増えない限り、バブルは必ず崩壊します。

バブル経済までを振り返ってみると……

1955年～1970年	高度成長	GNPで世界2位に ➡活発な民間設備投資と輸出拡大による
1974年	オイルショック	激しいインフレ ➡消費者物価が急上昇、狂乱物価
1980年代 後半	バブル経済	地価と株価が急激に上昇 ➡投資や消費を刺激して景気拡大
1990年代 初頭	バブル経済崩壊	地価と株価が急落 ➡信用不安が加速、金融機関の破綻
1990年代 以降	失われた20年へ	

〔著者紹介〕

井堀　利宏（いほり としひろ）
東京大学名誉教授。

1952年、岡山県生まれ。東京大学経済学部卒業、ジョンズ・ホプキンス大学博士号取得。東京都立大学経済学部助教授、大阪大学経済学部助教授を経て、1993年、東京大学経済学部助教授。1994年、同大学教授。1996年、同大学院経済学研究科教授。1993年～2015年の22年間、東大で教鞭をとる。2015年4月より政策研究大学院大学教授。
著書に『あなたが払った税金の使われ方』（東洋経済新報社）、『財政再建は先送りできない』（岩波書店）、『図解雑学 マクロ経済学』（ナツメ社）、『大学4年間の経済学が10時間でざっと学べる』（KADOKAWA）など。

【図解】大学4年間の経済学が10時間でざっと学べる　（検印省略）

2016年 8 月25日　第 1 刷発行
2024年 4 月25日　第15刷発行

著　者　井堀　利宏（いほり としひろ）
発行者　山下　直久

発　行　株式会社KADOKAWA
〒102-8177　東京都千代田区富士見2-13-3
電話 0570-002-301（ナビダイヤル）

●お問い合わせ
https://www.kadokawa.co.jp/（「お問い合わせ」へお進みください）
※内容によっては、お答えできない場合があります。
※サポートは日本国内のみとさせていただきます。
※Japanese text only

定価はカバーに表示してあります。

DTP／ムーブ　印刷・製本／大日本印刷

ISBN978-4-04-601754-3　C2033